だれでもできる 1日1分！ カンペキ英語

英語は5つの口(クチ)で発音できる！

中西智子 著
晴山陽一 編

Jリサーチ出版

はじめに

発音学習が大切である理由

　英語の発音は、「美しい・美しくない」のような評価のために学習するのではありません。また、アメリカの中でも州によって発音が違ったりすることがありますが、私たち日本人が身につけるべき英語の発音は、そういう次元での話ではありません。
　私たちが英語の発音を学習するのは、「自分の言いたいことを、相手に**きちんと伝える**ため」です。
　どういうことかというと、日本人が陥ってしまいがちな、いわゆる「カタカナ発音」は、それがたとえ１音だけだったとしても、**英語としてまったく通じない**ことが多々あるのです。これは、私自身がアメリカに10年以上住んだ中で**痛感**したことですので確かです。
　そして、そこから発音をしっかり学んだことで、コミュニケーションがかなりスムーズに行くようになったという**体験**もしています。
　また同時に、(多くの人たちも言っているように)、「自分が正しい音を出せるようになったら、**リスニング力も飛躍的に伸びた**」とも**実感**しています。もっと言えば、発音の向上なしにはリスニング力のアップは考えられません。ですから、英語を学習するみなさんには、ぜひとも発音を勉強していただきたいと思うのです。

日本人が英語発音が苦手な理由

　「日本人にはもともと英語を発音する**能力が全然ない**から」「日本語と比べて英語の発音が**特別に難しい**から」ということではもちろんありません。
　ただ単に、**教えてもらっていないから**なのです。また教える側も、そこを**重要視していなかった**というだけのことです。
　(もうすでにかなり始まってはいますが)、これからの時代の英語は、**ス**

ピーキングの能力が大きく求められてくると思われます。当然ですが、言ったことが相手に伝わらなければ、いくら英文を作り出す能力があったとしても、スピーキング力があるとはいえません。つまりスピーキングの強化と発音学習は、切っても切り離せない間柄にあると言えるのです。

本書で提唱している「5つの口」というメソッドは、私の発音学校(英語発音スクールのセピオ)でも採用していますが、本当にどなたでも——英語の能力はほぼ関係なく——できるようになります。ですから本書をきっかけに、ぜひとも英語発音学習に取り組んでいただきたいと思うのです。

英語の音で大切なこと

英語の音は、1つ1つ区切れるものではなく、ある程度の範囲があります。

たとえば日本語の「アイウエオ」という5つの音に、重なっているところがないように、英語の場合も、たとえば [æ] と [a] の音には、重なる部分はありません。そしてこの2つの音は、日本語には同じ音がありませんので、「[æ] は、アとエの間の音」とか、「[a] は、アとオの間の音」のように表現します。

ですが、ひと言で「アとエの間の音」といっても、アに近い音もあればエに近い音もありますよね。それが「音の範囲」で、発音を学習する際には、その範囲に入る音を出すことを目指せばいいのです。つまり、その範囲の中に、最も理想的な音が中心にあるとすると、それをスポット的に目指すのではなく、ある音とある音を区別して、それを(その範囲内で)自分で出せるようになることを、この本を使った発音学習の目標の1つにするのがいいと思います。

ですから、「この音はこうでないといけない!」と、細かく細かくこだわ

るのではなく、「この範囲で（他の音ではなく）その音に聞こえる（＝他の音に聞こえない）音を出す」ことを目指しましょう。それには、この本で示している口の形と舌の位置が、かなり助けてくれるはずです。日本語でも、「アイウエオとはっきり言ってくださいと」いうと、ほぼ全員、同じ口の形、同じ舌の位置になると思います。英語もそれと同じです。1つ1つの母音を大きくはっきり言おうとすると、ほぼ全員同じ口や舌の位置になるのです。であればその形を覚えてしまえばいいということになりますし、それは日本語とはまったく違いますので、まずは本書を使って、自分の口や舌の状態を目で見て確認しながらトレーニングしていってください。そうすれば必ず、[æ]なら[æ]、[a]なら[a]の範囲内の音を出せるようになるはずですし、当然、発音は確実に向上します。

ネイティブの口と違う？

　発音を教えていると、「ネイティブはそんな口はしないよ」とおっしゃる人がいます。これは、日本語に当てはめて考えてみてください。私たちが普段日本語で会話をするときに、わざわざ大きな口を意識してあけてしゃべったりはしませんよね？　これは先ほど言った「日本語の音の範囲」の中で、無意識に音をコントロールできるからなのです。それによって口をそんなに大きく開けず、省エネ仕様の口で正しい音が出せるのです。

　英語もこれとまったく同じです。たとえば、まだ言葉を良く知らない子供たちに単語を教えなくてはならないプリスクールの先生は、目いっぱい大げさに口を動かして単語を言っていますよね。もしくはオペラ歌手や嵐の中のレポーターや、内緒話をするときなんかもそうです。とにかく、キッチリハッキリ言うことが重視される場面では、ネイティブスピーカーも口を大きく動かします。

速さについて

　ネイティブスピーカーが普段しゃべる英語は、ご存知のとおり、かなり速いです。しかし、発音の勉強をする際、速さはあまり**重要視する必要はありません**。むしろ**ゆっくり発音練習**して、正しい音を確実に身につけることのほうが大切です。焦ってはいけません。急ぐと、「頭ではわかっているのにできない」という事態に陥ります。ですからくれぐれも、1つ1つの音をゆっくりていねいに発音していくところから始めましょう。慣れてくれば、速さは自然に後からついてきます…というか、自分が**言いやすく心地よい速さ**に、**自然と**落ち着いていくはずです。「1分間に何語」などということではなく、その人その人にとって、最適な速さというのがあるということです。

　ですので、速さは気にせず、音と音の**つなぎ**や**リズム**、**イントネーション**などをしっかり身につけていきましょう（このあたりは第3章で学習します）。

　外国人が日本語を話しているのを聞いて、「聞きやすいな」「わかりやすいな」と感じるほとんどの場合は、「アイウエオ」をはっきりていねいに言い、区切るところやイントネーションが正しく言えているはずです。速ければ聞き取りやすいわけではありませんよね？　英語も同じと考えましょう。

　「英語の発音に向いてる」とか「きれいな音を出すのに向いてない」とか言う人がいるかもしれませんが、それは、音に触れる**機会**が少なかったり、**息の量**が足りなくて音が安定しないだけです。もともと向いていない人なんていません。ただこれまでの経験上、成功する人はみんな、「**1つ1つ確実に**、**コツコツ**とやった人」でした。1日1分でも十分です！　とにかくコツコツと取り組んでみてください。必ずできるようになります！

中西智子

CONTENTS

第1章 英語発音のための「5つの口」

1 横の口　　[e] [i] [æ] の音 ・・・・・・・・・・・・・・ 12
Lesson1~8 ▶ 横の口について知る／口の形を作る／[e] の音を出す／単語で練習／[i] の音を出す／単語で練習／[æ] の音を出す／単語で練習

2 突き出しの口　　[u] の音 ・・・・・・・・・・・・・・・・ 22
Lesson1~4 ▶ 突き出しの口について知る／口の形を作る／[u] の音を出す／単語で練習

3 脱力の口　　[ə] [ʌ] [ɪ] の音 ・・・・・・・・・・・・・ 28
Lesson1~8 ▶ 脱力の口について知る／口の形を作る／[ə] の音を出す／単語で練習／[ʌ] の音を出す／単語で練習／[ɪ] の音を出す／単語で練習

4 縦の口　　[a] [ɔ] の音 ・・・・・・・・・・・・・・・・・ 38
Lesson1~6 ▶ 縦の口について知る／口の形を作る／[a] の音を出す／単語で練習／[ɔ] の音を出す／単語で練習

5 力の口　　[ɚ] [ʊ] の音 ・・・・・・・・・・・・・・・・ 48
Lesson1~8 ▶ 力の口について知る／口の形を作る／[ɚ] の舌の位置を決める／[ɚ] の音を出す／単語で練習／[ʊ] の舌の位置を決める／[ʊ] の音を出す／単語で練習

第2章 発音力を引き上げる5つのテクニック

1 音節とアクセントの基本 ・・・・・・・・・・・・・・・・ 60
Lesson1~6 ▶ 音節とは？／アクセントがくる音節／アクセントの重要ポイント／アクセントレッスン／発音の手順を整理／復習

2 リンキングの基本①　　子音+母音 ・・・・・・・・ 68
Lesson1~5 ▶ リンキングとは？／速いからつながるのではない！／リンキングは難しくない！／母音にも注意！／半母音について

3 リンキングの基本② 　子音+子音 ・・・・・・・ 74
Lesson1~6 ▶ 最大のコツ／どんどん練習しよう！／さらにすごいコツ／もっと練習しよう！／単語内でも起こるリンキング／さらに練習しよう！

4 弱音と消える音 ・・・・・・・・・・・・・・・・・・・ 82
Lesson1~4 ▶ アクセントなし部分の大事な基本／まずは単語単位でチェック！／発音の秘密①／発音の秘密②

5 [t] 音の変化 ・・・・・・・・・・・・・・・・・・・・・・ 92
Lesson1~6 ▶ [t] の音が消える!?／[t] の音を消してみよう／[t] の音が変わる!?／変わる [t] の音を練習！／特殊パターンを知る！／[t] 音仕上げトレーニング

第3章　ネイティブらしい発音のための4つのテクニック

1 文の中で強調するところ ・・・・・・・・・・・・ 104
Lesson1~6 ▶ 文中のポイントを探せ！／少し長い文の中心を探せ！／リスニングのコツ／強調されやすい単語／弱音になることが多い単語／単語を強調する方法

2 イントネーション ・・・・・・・・・・・・・・・・・・ 114
Lesson1~2 ▶ 脱・日本人発音／ネイティブっぽいイントネーションのコツ

3 リズム ・・・・・・・・・・・・・・・・・・・・・・・・・・ 120
Lesson1~4 ▶ 脱・機関銃リズム！／文の長さは関係なし！／もっと練習しよう！／応用練習にチャレンジ！

4 息つぎ ・・・・・・・・・・・・・・・・・・・・・・・・・・ 130
Lesson1~6 ▶ どこで息つぎをする？／息はなるべく続けよう！／もっとチャレンジ！

総仕上げ練習コーナー ・・・・・・・・・・・・・・・・・ 138
巻末資料　子音について ・・・・・・・・・・・・・・・ 144

本書の使いかた

第1章　英語発音のための「5つの口」

　ここでは「5つの口」を使って、英語の母音を正しく発音する訓練をします。スムーズな英語コミュニケーションのための大きなキッカケがつかめるはずです。母音とスペルをチェック＆練習することで、今まで音についてはあまり意識しなかった人も、かなりスッキリしてくるはずです。

その「口」のイメージ写真

その「口」をマスターするためのレッスンの流れがひとめでわかる！

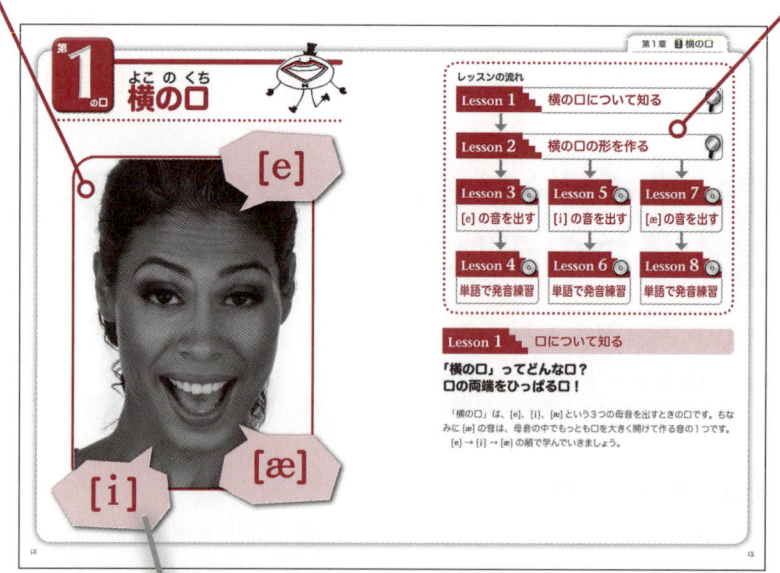

発音記号について

　本書ではみなさんに、正しい英語の発音を身につけていただくために、アメリカの英英辞典などで採用されている発音記号を使用します。ほとんどは現在日本の多くの英和・和英辞典で使用されている発音記号と同じですが、一部分、異なっているものがあります。
　本文中で注釈を入れますが、もっとも大きく重要な違いは次の4つの記号です。

イラストを使って、
「口の形」と「舌の位置」を作る!
＊　＊　＊
必ず鏡を用意して、
自分の口を確認しながらやろう!

口の形・舌の位置を
しっかり意識しながら、
CDを使って単語発音練習!
＊　＊　＊
また、その母音が
どんなスペルになることが多いか、
主なところだけでも知っておこう!

日本の辞書	[iː] [i] [uː] [u]	⇦ 「ː」は音を伸ばすことを表す記号なので、この表記だと、[i] は [iː] を、[u] は [uː] を短くした音のように見えてしまいますが、実際の音はまったく違うものです。
本書	[i] [ɪ] [u] [ʊ]	⇦ そこで本書では、音のちがいがひとめでわかるように、こちらの記号を使用します。

第2章 発音力を引き上げる5つのテクニック

ここでは、「音節とアクセント」「リンキング（2パターン）」「弱音と消える音」「[t] 音の変化」などといった音声現象について学びます。これについても、大人はなかなか"自然に"身につけることは難しいです。ですから、一度解説を読んで理解し、口や舌の位置を自分でもやってみて、そして音を聞いて、実践していくのが近道です。

解説を読んで必ずCDを使って発音練習をしましょう！

ここで学ぶこと。その流れがひと目でわかる！

ユニークな独自のトレーニングも盛りだくさん。

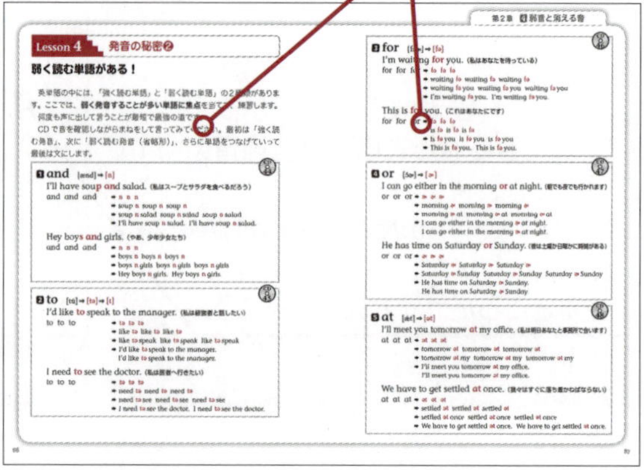

第3章 ネイティブらしい発音のための4つのテクニック

"ネイティブらしい英語の音"というと、それはつまり「速くしゃべる」ことだと思ってしまいがちですが、そうではありません。ここでは「文の中で強調するところ」「イントネーション」「リズム」「息つぎ」を学びますが、最初はゆっくりていねいに取り組み、確実に理解し身につけましょう。続けるうちに、自分に最適な速さが見つかります。

第1章

英語発音のための「5つの口」

1. 横の口　　　　　[e] [i] [æ] の音 ・・・・・・・・・ 12
2. 突き出しの口　　[u] の音 ・・・・・・・・・・・・・・ 22
3. 脱力の口　　　　[ə] [ʌ] [ɪ] の音 ・・・・・・・・・ 28
4. 縦の口　　　　　[ɑ] [ɔ] の音 ・・・・・・・・・・・ 38
5. 力の口　　　　　[ɚ] [ʊ] の音 ・・・・・・・・・・ 48

第1の口 <ruby>横<rt>よこ</rt></ruby>の<ruby>口<rt>くち</rt></ruby>

[e]

[i]

[æ]

第1章　**1** 横の口

| Lesson 1 | 口について知る |

「横の口」ってどんな口？
口の両端をひっぱる口！

　「横の口」は、[e]、[i]、[æ] という3つの母音を出すときの口です。ちなみに [æ] の音は、母音の中でもっとも口を大きく開けて作る音の1つです。
　[e] → [i] → [æ] の順で学んでいきましょう。

Lesson 2　口の形を作る

「横の口」を作ってみよう！
キーワードは「しっかり横に引く」

口の形

まず、歯と歯の間を指1本くらい開けます。
次に、口角（口の両端）を横に引きます。

※舌の位置は、音ごとに習得します

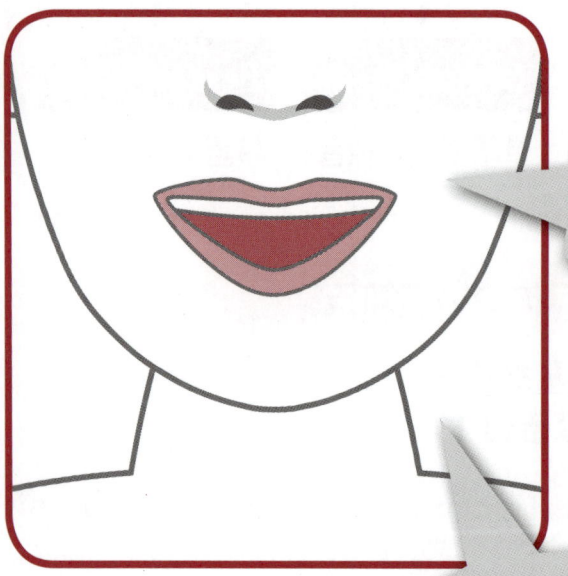

唇は柔らかく。全体に力は入れませんが、口角の上だけ固くなります。

「えー？」という感じで、日本語の「エ」を言うとき、女性は比較的すぐにこの口になりますが、男性はしっかり横に引っ張ることには慣れていないようです。鏡で口の形を確かめてください。

第1章　1 横の口

Lesson 3　　[e] の音を出す❶

舌先は下の前歯に！
日本語で「エ！」と言って確認！

舌の位置 ▶ 舌先は下の前歯のところに置きます。舌の奥は、上げたり下げたりせず、中間にあります。

日本語でも「エ」と言うときに舌はこのあたりに来る人が多いので、深く考えず、日本語でハッキリ「エ！」と言って、鏡で舌の位置を確認してください。

声の出し方は、日本語でハッキリ「エ」と言ったときに近いです。母音の中で、日本語にいちばん近いのがこの [e] です。

CHECK!　まめちしき

　実は、日本語の母音は、すべて舌の奥が中間で固定されています。言い方を変えると、日本語の母音は舌の位置を変えることなく、すべて発音できるのです。「日本人は無表情だ」とよく言われますが、あまり口の形を変えずに発音できるから表情が変わらない、とも言えそうですね。

Lesson 4　[e] の音を出す❷

いよいよ英単語を使って発音練習！
日本語に近いから、気楽に気楽に！

[e] の音を意識しながら、英単語を発音してみましょう。

- □ egg [ég] 卵
- □ end [énd] 終わり
- □ get [gét] 得る
- □ set [sét] 〜を置く
- □ yet [jét] まだ
- □ pet [pét] ペット
- □ belt [bélt] ベルト
- □ next [nékst] 次の
- □ desk [désk] 机
- □ help [hélp] 手伝う
- □ dress [drés] ドレス
- □ bench [béntʃ] ベンチ
- □ ready [rédɪ] 用意ができた
- □ heavy [hévɪ] 重い
- □ letter [létɚ] 手紙
- □ pepper [pépɚ] コショウ
- □ center [séntɚ] 中心
- □ tennis [ténɪs] テニス
- □ second [sékənd] 2番目の
- □ lemon [lémən] レモン
- □ textbook [tékstbʊk] 教科書
- □ medicine [médəsɪn] 薬
- □ penguin [péŋgwɪn] ペンギン
- □ question [kwéstʃən] 質問
- □ forget [fɚgét] 忘れる
- □ accept [əksépt] 受け入れる
- □ connect [kənékt] 〜を結ぶ
- □ collect [kəlékt] 集める
- □ eleven [ilévən] 11
- □ already [ɔlrédɪ] すでに
- □ December [dɪsémbɚ] 12月
- □ America [əmérɪkə] アメリカ
- □ expensive [ɪkspénsɪv] 高価な
- □ especially [ɪspéʃəlɪ] 特別に
- □ together [təgéðɚ] いっしょに
- □ umbrella [ʌmbrélə] 傘
- □ remember [rɪmémbɚ] 覚えておく

★ [j][ɚ][ɪ][ʊ] は、辞書によっては [y][ɚːr][i][u] と表記されます。

第1章　**1** 横の口

Lesson 5　　[i] の音を出す❶

**舌の横は上の歯につく！
日本語で「イ」と言って確認！**

舌の位置

舌の先を下の前歯の付け根に付けます。
舌の横は上の歯に付いています。
日本語で「イ」と言うと、
舌の横が上の歯に付いているのがわかります。

[i] の音は、日本語よりも多めの息で、日本語の「イ」よりもキーンとした感じの、強い音にします。

[i] の発音のときは舌全体に力が入っています。舌と唇は連動しようとするので、口角をしっかり横に引っ張っておけば、舌の力も入れやすくなるはずです。

この音は、アクセントがあれば長い音になり、アクセントがなければ短い音になります。

★ [i] は、辞書によっては [iː] と表記されます。

Lesson 6　[i] の音を出す❷

いよいよ英単語を使って発音練習！
「イ」の舌の位置をもう一度確認！

　[i] の音を意識しながら、英単語を発音してみましょう。アクセントがあるので、[i] は長めに発音します。

- □ eat [íːt] 食べる
- □ even [íːvən] 平らな
- □ each [íːtʃ] めいめいの
- □ east [íːst] 東
- □ easy [íːzi] 楽な
- □ beef [bíːf] 牛肉
- □ beam [bíːm] 長い角材
- □ team [tíːm] チーム
- □ keen [kíːn] 熱心な
- □ scene [síːn] 場面
- □ week [wíːk] 週
- □ meat [míːt] 肉
- □ seat [síːt] 座席
- □ cheap [tʃíːp] 安価な
- □ beach [bíːtʃ] 海浜
- □ teach [tíːtʃ] 教える
- □ agree [əgríː] 同意する
- □ police [pəlíːs] 警察官
- □ receive [rɪsíːv] 受け取る
- □ believe [bɪlíːv] 信じる
- □ machine [məʃíːn] 機械
- □ between [bɪtwíːn] 2つの間に
- □ succeed [səksíːd] 成功する
- □ Chinese [tʃaɪníːz] 中国の
- □ Korea [kəríːə] 韓国
- □ museum [mjuzíːəm] 博物館
- □ Japanese [dʒæpəníːz] 日本の
- □ thirteen [θəːtíːn] 13
- □ fourteen [fɔːtíːn] 14

第1章　1 横の口

Lesson 7　[æ] の音を出す❶

歯の間は指2本ぶん開けて
空気を鼻に当てる感じで！

舌の位置
- 歯と歯の間を指2本くらい開けます。
- 舌の先は下の前歯のところに置きます。
- 舌全体を盛り上げるようにして、奥を上げます。

このように舌を盛り上げると、空気がノドの奥からすっきり出ないので、鼻のほうに空気を当てる感じになります。これが、いわゆる「鼻濁音」（鼻声）です。

この鼻濁音は地域によって程度にかなり差があります。しかし、たとえば can や gas のように、前の子音が [k] か [g] の音の場合は、どの人でもしっかり鼻濁音がかかります。

CHECK!　まめちしき

　　ここまで大きく口を開ける音は、この [æ] と「縦の口」で出す [a] の2つだけです。この2つの音は、必ずアクセントが来ます。口を大きく開ける音は、大きく開けるから長く時間がかかるため、長くて目立つので、アクセントを付ける音として使われるようになった、というわけです。

Lesson 8 　[æ] の音を出す❷

いよいよ英単語を使って発音練習！
口を大きく開けてしっかり出そう！

[æ] の音を意識しながら、英単語を発音してみましょう。

- □ **a**nt [ǽnt] アリ
- □ **a**sk [ǽsk] 尋ねる
- □ b**a**t [bǽt] コウモリ
- □ c**a**t [kǽt] ネコ
- □ f**a**t [fǽt] 太った
- □ r**a**t [rǽt] ネズミ
- □ s**a**d [sǽd] 悲しそうな
- □ m**a**t [mǽt] マット
- □ d**a**sh [dǽʃ] 粉々に打ち砕く
- □ **a**ctor [ǽktɚ] 俳優
- □ h**a**bit [hǽbɪt] 習慣
- □ d**a**nce [dǽns] ダンス
- □ c**a**tch [kǽtʃ] 捕まえる
- □ **a**pple [ǽpl] リンゴ
- □ c**a**ndle [kǽndl] ろうそく
- □ g**a**mble [gǽmbl] ギャンブル
- □ t**a**lent [tǽlənt] 才能
- □ j**a**cket [dʒǽkɪt] ジャケット
- □ f**a**mily [fǽmɪli] 家族
- □ m**a**tter [mǽtɚ] 物質
- □ g**a**ther [gǽðɚ] ～を集める
- □ **a**nswer [ǽnsɚ] 答え
- □ p**a**ttern [pǽtɚn] 方向
- □ n**a**rrow [nǽroʊ] 狭い
- □ l**a**nguage [lǽŋgwɪdʒ] 言語
- □ m**a**nager [mǽnɪdʒɚ] 経営者
- □ J**a**p**a**n [dʒəpǽn] 日本
- □ ex**a**ctly [ɪgzǽktli] 正確に
- □ ex**a**mple [ɪgzǽmpl] 例
- □ perh**a**ps [pɚhǽps] おそらく
- □ unh**a**ppy [ʌnhǽpi] 不幸な
- □ underst**a**nd [ʌndɚstǽnd] 理解する

★ [oʊ] は、辞書によっては [ou] と表記されます。

まとめ

「横の口」で出す音は、[e] と [i] と [æ] の3つでした。

とくに [e] と [i] は日本語の「エ」と「イ」に近く、出しやすかったのではないでしょうか。

最後に出てきた [æ] の音は、「横の口」なのに歯と歯の間を指2本分開けるのでしたね。「エ」の口で「ア」と言うと、この音に近くなります。どうしても言えない人は、「エア」と素早くいうと、通じる音にはなりますよ。

口を大きく開けるので、音を出すのに長くかかり、**必ずアクセントが来ます**。

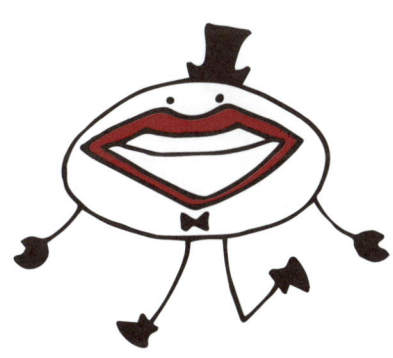

第2の口 つきだしのくち 突き出しの口

[u]

[u]

第1章 ❷突き出しの口

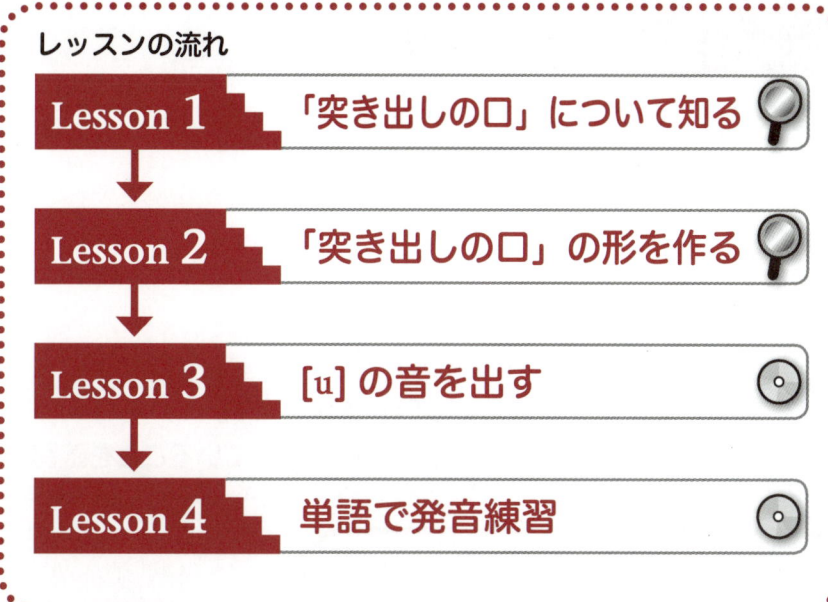

Lesson 1　口について知る

「突き出しの口」ってどんな口？
ズバリ、口笛の口！

　突然ですが、口笛を吹くことはできますか？
　音が出ればそれでOK！　その口が「突き出しの口」です。
　舌の位置はどうですか？　舌の先が前の歯に当たっていれば、それで舌の位置も出来上がりです。なんだか得した気分ですね。
　うまく口笛が吹けないなぁという方も、がっかりしないでください。ストローでジュースを飲むことはできますよね。そのときの口です。舌の先は、ストローの下の部分に当たっているので、前のほうにあると思います。どちらかの方法で試してください。

Lesson 2　口の形を作る

「突き出しの口」を作ってみよう！
キーワードは「口笛」と「ストロー」

口の形

口笛もしくはストローをイメージします。
鏡を見ながら「突き出しの口」を作ります。
上の歯と下の歯の間が指が1本ぶん開いていることを確認！

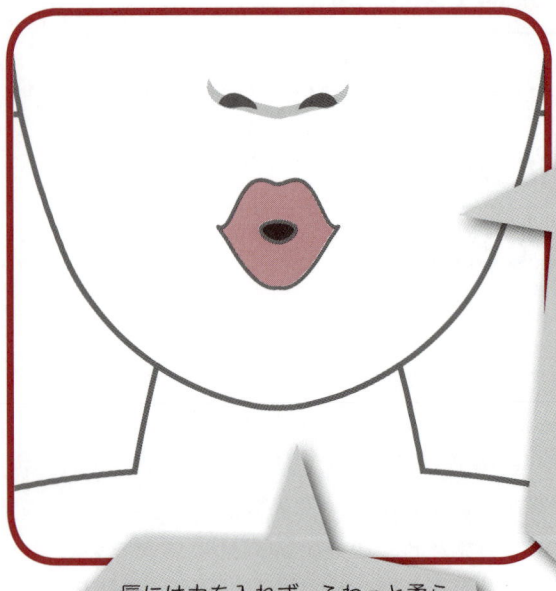

指が1本入らなくても、音の違いを感じない人もいるかもしれませんが、母音を出すときにあごの位置が安定していると、子音にも影響します。音ではなく口の形から入るようにしてください。つまり、この音を出すためにあごを締める必要はないということです。音の違いは、単語や文の中でこの音を練習するときに、英語らしい音かどうか、はっきりわかるでしょう。

唇には力を入れず、ふわっと柔らかいまま、前に突き出します。この「柔らかい」感覚が大事です。

舌の位置

舌の奥は、できるだけ下げます。
舌も唇に連動して柔らかくします。
舌の先は前のほうに出します。

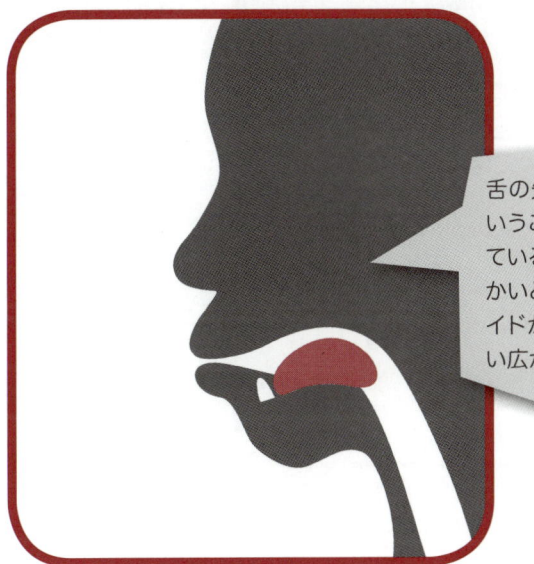

舌の先が尖っているということは、力が入っている証拠です。柔らかいときは、舌の両サイドが歯に当たるくらい広がっています。

Lesson 3 [u] の音を出す❶

声の出し方も口笛っぽく
長短をつけて練習しよう！

声の出し方も口笛に似ています。
日本語を話すときよりも勢いのある息で声を出しましょう。

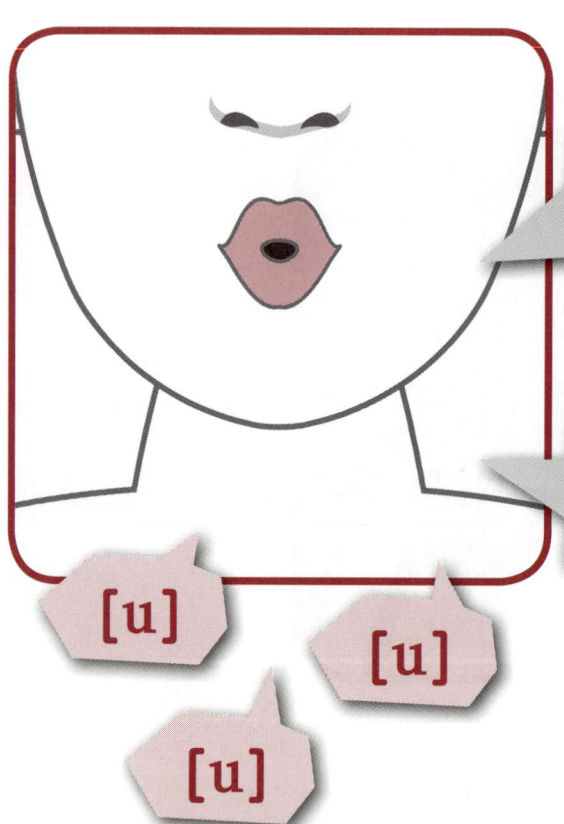

日本語の「ウ」よりも少しだけ「オ」が入っているな、と聞こえる場合もあります。歯と歯の間に指1本入るようにアゴを開けると、自動的に「オ」の音に近づきます。

この音は、アクセントがあれば長い音になり、アクセントがなければ短い音になります。

★ [u] は、辞書によっては [uː] と表記されます。

第1章　❷突き出しの口

Lesson 4　[u] の音を出す❷

いよいよ英単語を使って発音練習！
口をしっかり作って、息、強めで！

[u] の音を意識して、英単語を発音してみましょう。

- ☐ zoo [zú]　動物園
- ☐ noon [nún]　正午
- ☐ boom [búm]　とどろく
- ☐ room [rúm]　部屋
- ☐ food [fúd]　食べ物
- ☐ mood [múd]　気分
- ☐ tool [túl]　道具
- ☐ roof [rúf]　屋根
- ☐ glue [glú]　接着剤
- ☐ group [grúp]　集まり
- ☐ school [skúl]　学校
- ☐ fruit [frút]　果物
- ☐ choose [tʃúz]　選ぶ
- ☐ whose [húz]　だれの
- ☐ youth [júθ]　若者
- ☐ student [stjúdnt]　生徒

- ☐ cartoon [kaɚtún]　漫画
- ☐ movie [múvi]　映画
- ☐ jewel [dʒúəl]　宝石
- ☐ music [mjúzɪk]　音楽
- ☐ usual [júʒuəl]　いつもの
- ☐ junior [dʒúnjɚ]　年下の
- ☐ future [fjútʃɚ]　未来
- ☐ human [hjúmən]　人間
- ☐ beautiful [bjútəfəl]　美しい
- ☐ universe [júnəvɚs]　宇宙
- ☐ excuse [ɪkskjúz]　言い訳
- ☐ computer [kəmpjútɚ]　コンピュータ
- ☐ afternoon [æftɚnún]　午後
- ☐ introduce [ɪntrədús]　紹介する

★ [aɚ] は、辞書によっては [aːr] と表記されます。

第3の口 だつりょくのくち
脱力の口

[ə]

[ɪ]   [ʌ]

第1章 ❸ 脱力の口

| Lesson 1 | 口について知る |

「脱力の口」ってどんな口？
ものすごく大切な口の形！

　「脱力の口」はその名のとおり、力を抜いて「ダラーッ」とだらけた口。
　英語の発音というと、顔や唇や舌に力をこめて、口をパクパク開けて発音するイメージの方が多いかもしれませんが、ここでマスターしてほしいのは、顔中の力を抜いた"だらけ口"で発音する音なのです。
　この口が重要なのは、**アクセントのない音の80%は、この「脱力の口」で発音される**からです。
　つまり、英語の発音は、「脱力の口」に始まり「脱力の口」に終わるといっても過言ではないのです。

Lesson 2　口の形を作る

「脱力の口」を作ってみよう！
キーワードは「だらしない」です

口の形

下のあごを下げて、歯と歯の間に指を1本入れます。
必ず鏡で口の様子をチェック＆修正し、
あごを1センチ下げる練習を3回以上やりましょう。

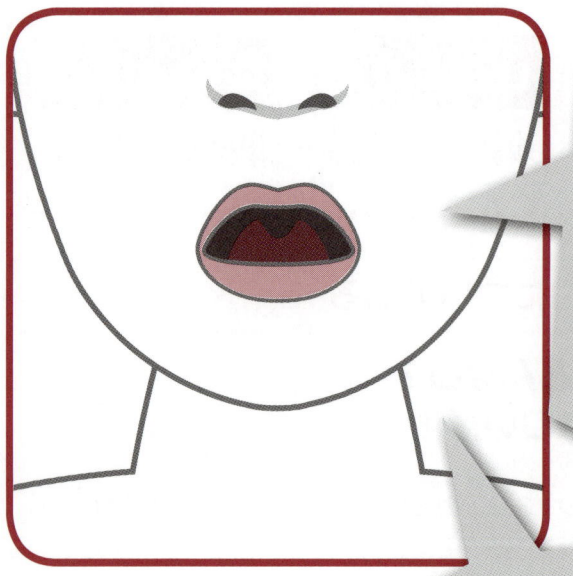

だらんと下のアゴを下げる感じで、しいて言うと、よだれが出てきてしまいそうな、だらしなーい開け方です。子供がテレビを見て、ぼーっと口を開けているイメージです。このだらけてみっともない口（顔）が、英語の口の基本中の基本です。

思い切って歯と歯の間が1センチから1.5センチ開くところまでアゴを下げてみてください。繰り返し練習しているうちに、鏡を見なくても感覚でわかるようになってきます。「いま1センチくらいだな！」というように。

Lesson 3　[ə] の音を出す❶

舌先は下の前歯の上に乗せて
舌の奥はしっかり下げて！

舌の位置

舌の先は、下の前歯に付くくらいまで出します。
舌の奥は、のどの奥が見えるくらいまで下げます。
鏡で確認しましょう！

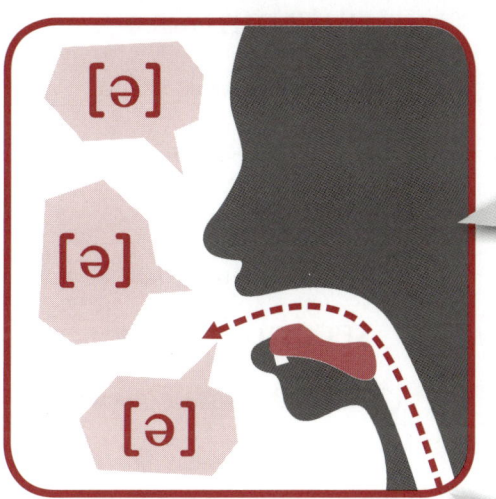

舌の先が前に行かない人は、下唇の内側に口内炎ができたときのように、その痛いところを舌先を左右に動かしてなめてください。それを真ん中で止めると、そこが舌先の位置です。あとはダラッと力を抜いて出来上がり。舌はだらんと横にも広がっています。

舌のいちばん奥の部分（いわゆる"のどちんこ"）が見えるようにします。これが見えるということは、舌の奥が下がっている証拠です。鏡で確認しましょう。舌の奥が下がることでここに空間が生まれ、声が共鳴しやすくなるのです。

Lesson 4　[ə] の音を出す❷

いよいよ英単語を使って発音練習！
だらーっと力を抜いて始めよう！

[ə] の音を意識しながら、英単語を発音してみましょう。

- □ **a**go [əɡóʊ]　〜前に
- □ **a**gain [əɡén]　再び
- □ **a**gree [əɡríː]　同意する
- □ **a**fraid [əfréɪd]　こわがって
- □ **a**like [əláɪk]　同様に
- □ **a**larm [əláɚm]　驚き
- □ **a**lone [əlóʊn]　ひとりで
- □ **a**way [əwéɪ]　離れて
- □ **A**merica [əmérɪkə]　アメリカ
- □ **o**pinion [əpínjən]　意見
- □ **o**'clock [əklák]　〜時

※ここまでの [ə] の音は、のみこむような音で、聞こえないときもある。

- □ d**a**t**a** [déɪtə]　データ
- □ s**o**f**a** [sóʊfə]　ソファ
- □ m**a**chine [məʃíːn]　機械
- □ wom**a**n [wʊ́mən]　女性
- □ isl**a**nd [áɪlənd]　島
- □ b**a**nana [bənǽnə]　バナナ
- □ **a**ut**u**mn [ɔ́təm]　秋
- □ alb**u**m [ǽlbəm]　アルバム
- □ t**o**day [tədéɪ]　今日
- □ mel**o**n [mélən]　メロン
- □ p**e**ri**o**d [píərɪəd]　期間
- □ sec**o**nd [sékənd]　2番目の
- □ fam**ou**s [féɪməs]　有名な
- □ st**a**tion [stéɪʃən]　駅
- □ c**o**mplete [kəmplíːt]　全部そろった
- □ trav**e**l [trǽvəl]　旅
- □ p**a**r**e**nt [péərənt]　親
- □ chick**e**n [tʃíkən]　ニワトリ

★ [aɪ][eɪ][ɔ] は、辞書によっては [ai][ei][ɔ:] と表記されます。

CHECK! 発音のコツ！

　舌の奥を下げるのがうまくいかない場合は、辛いものを食べたときに、「ハァ〜〜」と息を吸って、のどの奥に空気を送りますよね。そうすると、自動的に舌が下がると思います。その状態をイメージしてみてください。

　もしくは、うがいをイメージしてください。うがいをするときは、のどの奥に水を送るので、自動的に舌は下がりますが、それも同じ状態です。

　うがいのときのように顔を上に向ければできるけど、まっすぐ前に戻すと舌が上がってしまう人がいるかもしれません。そういう人は「上を向いて舌が下がる→そのままの状態で前を向く」というのをひとつなぎにして練習してみましょう。

　どんな練習のときも、口を閉じた状態から、瞬間的にこの「口と舌のセット」をできるようにしましょう。一度身につくと、一生使えますよ。

Lesson 5　　[ʌ] の音を出す❶

**[ə] とまったく同じでOK
ただしアクセントがくる音！**

舌の位置

舌先は下前歯の上に乗せます。
舌の奥は、のどの奥が見えるくらいまで下げます。
[ə] より少し高く大きく声を出しましょう。

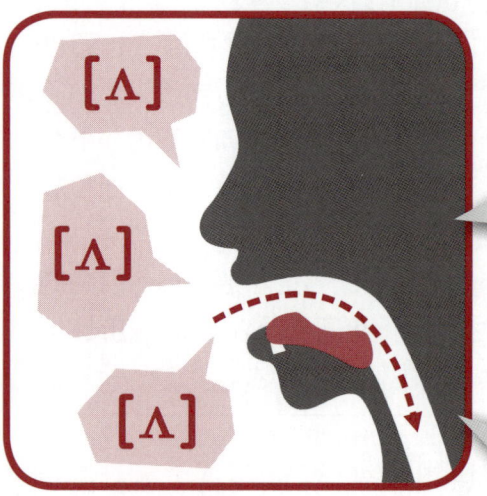

[ə] と [ʌ] は、根本的な違いはありません。
[ə] は、アクセントが来ない場合です（例：ago / alike）。
[ʌ] は、アクセントがくる場合です（例：brother / country）。

２つの音は、口の形などは変わりませんが、[ə] はほとんど音にならない詰まった声に、[ʌ] は低くどっしりした音になります。これは日本人には最も聞きとりにくい音です。

第1章 ❸脱力の口

Lesson 6　[ʌ] の音を出す❷

いよいよ英単語を使って発音練習！
アクセントがあるので少し高く大きく！

[ʌ] の音を意識しながら、英単語を発音してみましょう。

- □ up [ʌ́p] 高いほうへ
- □ bus [bʌ́s] バス
- □ run [rʌ́n] 走る
- □ fun [fʌ́n] 楽しみ
- □ cut [kʌ́t] 切る
- □ just [dʒʌ́st] 正しい
- □ hug [hʌ́g] 抱きしめる
- □ luck [lʌ́k] 運命
- □ come [kʌ́m] 来る
- □ such [sʌ́tʃ] そのような
- □ much [mʌ́tʃ] はるかに
- □ lunch [lʌ́ntʃ] 昼食
- □ judge [dʒʌ́dʒ] 裁判官
- □ month [mʌ́nθ] （暦の）月
- □ thumb [θʌ́m] 親指
- □ country [kʌ́ntrɪ] 国
- □ couple [kʌ́pl] 2つ
- □ London [lʌ́ndən] ロンドン
- □ other [ʌ́ðɚ] ほかの
- □ brother [brʌ́ðɚ] 兄［弟］
- □ suddenly [sʌ́dnlɪ] 突然
- □ above [əbʌ́v] 〜より上に
- □ adult [ədʌ́lt] 成人した
- □ discuss [dɪskʌ́s] 議論する
- □ result [rɪzʌ́lt] 結果
- □ consult [kənsʌ́lt] 相談する
- □ conduct [kəndʌ́kt] 指揮する
- □ instruct [ɪnstrʌ́kt] 指示する
- □ recover [rɪkʌ́vɚ] 取り戻す
- □ discover [dɪskʌ́vɚ] 発見する

Lesson 7　　[ɪ] の音を出す❶

日本語の「イ」より唇ゆるめで！
お腹から一気に出そう！

舌の位置

日本語で「イ」と言って、舌をそのままキープし、
唇の力を抜いてゆるめましょう。
コツは、お腹から短く一気に声を出すこと。

舌の先を下の前歯の付け根につけて、舌の横は上の歯に付けます。
音としては、日本語の「イ」を、もう少し曖昧な音に持っていくというイメージです。

お腹から短く一気に出すのは、[ə] も [ʌ] も同じです。この短い音を出すコツは、お腹を殴られたときに「ウッ」とうなるように、もしくは、背後から突然声をかけられて「アッ」とびっくりしてうなる感じをイメージして、短く息を吐くようにしましょう。

★ [ɪ] は、辞書によっては [i] と表記されます。

第1章 ❸脱力の口

Lesson 8 [ɪ] の音を出す❷

いよいよ英単語を使って発音練習！
「短く一気にお腹から」を忘れずに！

[ɪ] の音を意識しながら、英単語を発音してみましょう。

- ☐ if [íf] もし〜ならば
- ☐ in [ín] 〜の中に
- ☐ lip [líp] 唇
- ☐ ship [ʃíp] 船
- ☐ sit [sít] 座る
- ☐ hit [hít] 打つ
- ☐ fix [fíks] 修理する
- ☐ six [síks] 6
- ☐ kick [kík] ける
- ☐ kiss [kís] キスする
- ☐ sing [síŋ] 歌う
- ☐ him [hím] 彼を
- ☐ win [wín] 勝つ
- ☐ swim [swím] 泳ぐ
- ☐ still [stíl] 静止した
- ☐ city [síti] 都市
- ☐ kitty [kíti] 子猫

- ☐ visit [vízɪt] 訪れる
- ☐ ticket [tíkɪt] チケット
- ☐ listen [lísn] 聞く
- ☐ minute [mínət] 分
- ☐ kitchen [kítʃən] 台所
- ☐ midnight [mídnaɪt] 夜中
- ☐ excite [ɪksáɪt] 刺激する
- ☐ excuse [ɪkskjúz] 許す
- ☐ extend [ɪksténd] 〜を引き伸ばす
- ☐ expand [ɪkspǽnd] 拡大する
- ☐ experience [ɪkspíərɪəns] 経験
- ☐ important [ɪmpɔ́ːrtnt] 重要な
- ☐ decide [dɪsáɪd] 決める
- ☐ receive [rɪsív] 受け取る
- ☐ music [mjúzɪk] 音楽

第4の口 縦の口

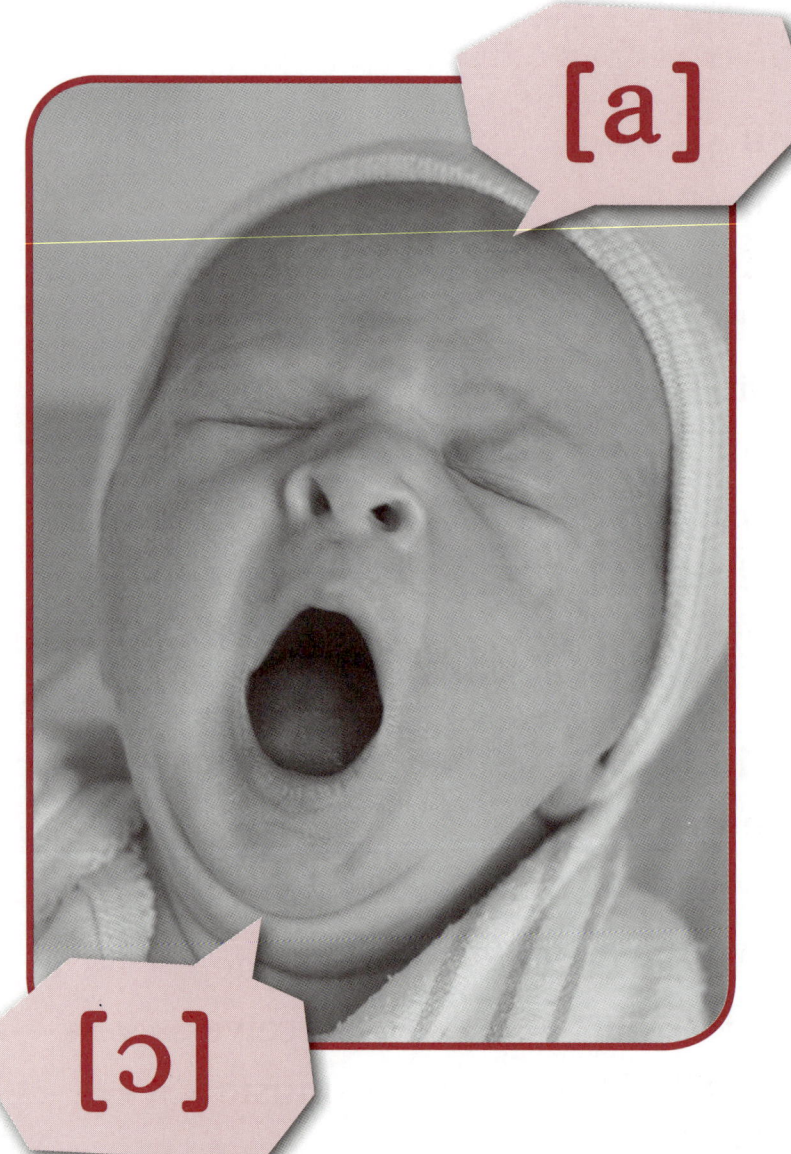

[a]

[ɔ]

第1章 ❹ 縦の口

レッスンの流れ

- **Lesson 1** 「縦の口」について知る
- **Lesson 2** 「縦の口」の形を作る
- **Lesson 3** [ɑ] の音を出す
- **Lesson 4** 単語で発音練習
- **Lesson 5** [ɔ] の音を出す
- **Lesson 6** 単語で発音練習

Lesson 1　口について知る

「縦の口」ってどんな口？
母音の中でいちばん大きく開ける口！

　今回は、英語の母音の中でいちばん大きく口を開ける音にチャレンジしましょう。それが「縦の口」。言い方を変えると"あくびの口"です。

　口を大きく開けるからと言って、力を入れる必要はありません。

　実は、「脱力の口」のところで練習した o'clock は、「脱力の口」＋「縦の口」で発音する言葉なのです。後半の clock の o が「縦の口」。

　だからといって、急に口をこわばらせる必要はありません。気持ちよくあくびするつもりで発音しましょう。

　このあと1つ1つ順を追って説明していきます。鏡の用意はいいですか？

Lesson 2　口の形を作る

「縦の口」を作ってみよう！
キーワードは「いちばん大きく開ける」

口の形

あくびの真似をしてください。歯と歯の間に指が 2 本、ラクラク入るくらい大きく口を開けます。
しっかり開けられたか、鏡で見てみましょう。

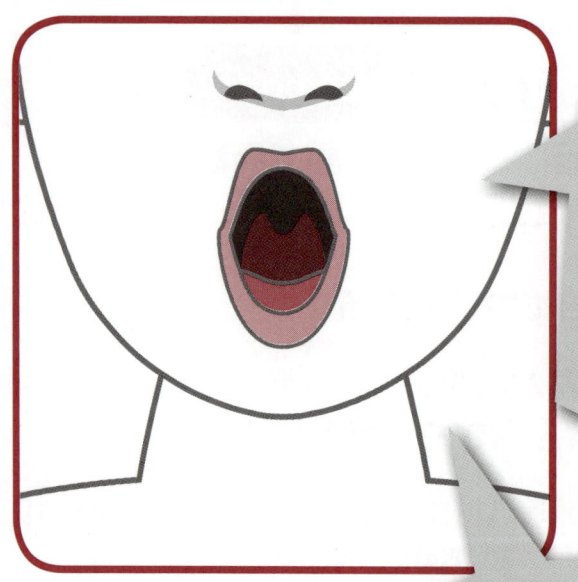

> こんなに大きく口を開けることは、日本語ではありません。ですから、この音の練習を続けていると、あごが痛くなる人がいます。でも、ご安心を。実際に英語を話しているときにこの音が続くことはありませんので。

> 歯が見えている人は、唇に力が入っています。唇の力を抜いて、自然に大きく口を開くと、歯は見えないはず。歯が見えている人は、あごが上がっているのかもしれません。あごを落とすだけで、唇がフワッとしていれば「縦の口」は完成です。

第1章 ④縦の口

舌の位置

舌の先は、下の前歯につくくらいまで出します。
舌の奥は、のどの奥が見えるくらいまで下げます。
鏡で確認しましょう！

> のどの奥が見えるくらいまで舌の奥を引き下げるのは、「脱力の口」のときと同じです。

CHECK! 練習のコツ

　「縦の口」を作るには、まず舌の位置を決め（下の前歯に着くくらい）、そのあと、口を大きく開けて口の形を整えるという**二段構え**がわかりやすいと思います。

　たとえば水泳の場合、まず手を前に伸ばしたままでバタ足の練習をします。それができたら、足のことは考えず自然に動かしておき、腕の動きを習います。そうすると、一度に手と足を動かすのが難しい人でも容易に習得できますよね。

　「縦の口」もそれと同じです。「舌の位置を決める→唇の力を抜いて口を開ける」の順で、二段構えでアプローチしましょう。

Lesson 3　　[a] の音を出す❶

口の形さえできていれば自然に出る！
カラスをイメージしてまずはトライ！

「ア」とか「オ」とか「その間の音」とか考えなくて OK。
音は口の形で決まるので、出しやすい音を出せば自然に出ます。
気持ちよくあくびするつもりで発音しましょう。
鏡の用意はいいですか？

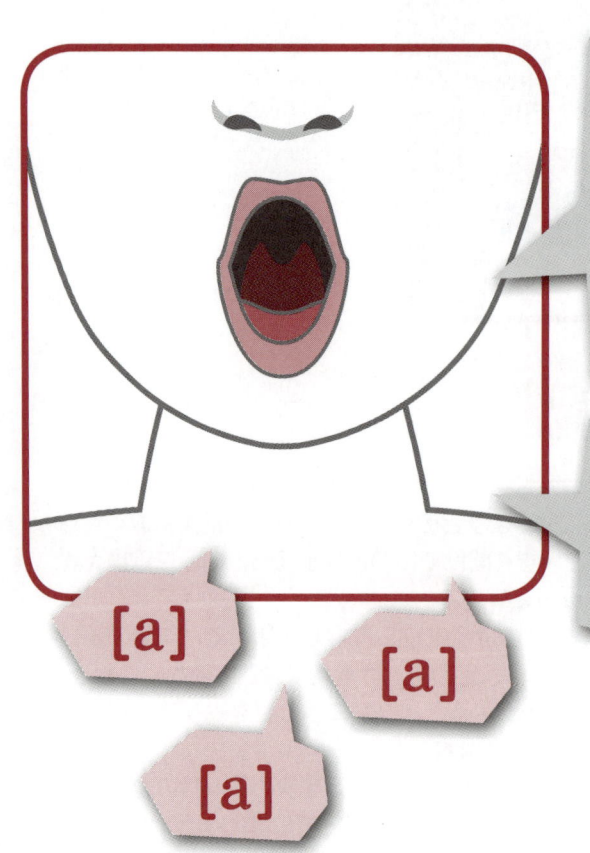

> この音は、長めにたっぷりと出します。たとえば、駅の向こう側にいる人に聞こえるような大きな口で「アー」と大声を出す感じ。あるいは、カラスの「カー」を真似る感じです。カラスの長めにのばす感じがそっくりです。やってみましょう。

> 「脱力の口」で学んだ [ə] の場合もそうですが、舌の奥が下がると、自動的に音は低くなります。低めの音でもやってみましょう。

[a]　[a]　[a]

★ [a] は、辞書によっては [ɑ] と表記されます。

Lesson 4　[a] の音を出す❷

第1章　❹縦の口

CD 16

いよいよ英単語を使って発音練習！
口をしっかり作り、ドスをきかせて！

[a] の音を低く伸ばす感じで、英単語を発音してみましょう。

- ☐ job [dʒáb]　仕事
- ☐ pop [páp]　ポンという音
- ☐ top [táp]　頂上
- ☐ hot [hát]　熱い
- ☐ pot [pát]　なべ
- ☐ lot [lát]　たくさんの
- ☐ not [nát]　〜ない
- ☐ fox [fáks]　キツネ
- ☐ box [báks]　箱
- ☐ copy [kápɪ]　コピー
- ☐ rock [rák]　岩
- ☐ shop [ʃáp]　店
- ☐ stop [stáp]　終了
- ☐ drop [dráp]　一滴
- ☐ pond [pánd]　池
- ☐ shock [ʃák]　衝突
- ☐ wash [wáʃ]　洗う
- ☐ watch [wátʃ]　腕時計
- ☐ coffee [káfɪ]　コーヒー
- ☐ comic [kámɪk]　マンガ
- ☐ concert [kánsət]　コンサート
- ☐ hospital [háspɪtl]　病院
- ☐ popular [pápjulə]　人気のある
- ☐ problem [prábləm]　問題
- ☐ volunteer [vàləntíə]　ボランティア

　[a] の音を出すつづりは、o が多いことに気づきましたか。こういうことを覚えると、音を聞いてスペルを想像できるようになります。ちなみにアメリカの子供たちも、音を出せるようになってから、スペルを学びます。

CHECK! 重要ポイント

　ここで、とても大事なことをお教えします！

　英語の音は日本語と違って、**「音素ごとに高さが決まる」**ということです。言い方を変えると、音素ごとに高さの特性を持っているということ。

　たとえば、「脱力の口」の [ə] や「縦の口」の [a] のレッスンでも言及していますが、この2つは「低めの音」という特性を持った音素です。これはとても大事なことなのです。

　本来、声というのは、**口の形や舌の状態によって変化させる**ものなので、低い音を出す状態に口や舌をセットすれば、当然低い声しか出ません。ですがこのことを知らないと、高い声でカラスの鳴き声を出そうとして無理をすることにもなりかねません。

　もう1つ気をつけたいのは、低い音だからといって、「地味な音」とか、「目立たない音」ということではないということです。

　[a] は低い音ですが、とても目立つ音なのです！

　そして、**目立つ音は、長くなります。**高くしなくてもよいのです。

　前ページの単語練習の中の coffee [káfi] は、**「カーフィー」**に近い響きですが、「カー」のところを高く引き上げる必要はまったくありません。ドスのきいた「カーフィータイム」を楽しみましょう。

第1章　4 縦の口

Lesson 5　[ɔ] の音を出す❶

CD 17

[a] と同じ出し方でOK！
唇に少し力を入れて出そう！

声の出し方は [a] と同じです。
ただし [a] よりもやや「オ」に近い音になります。

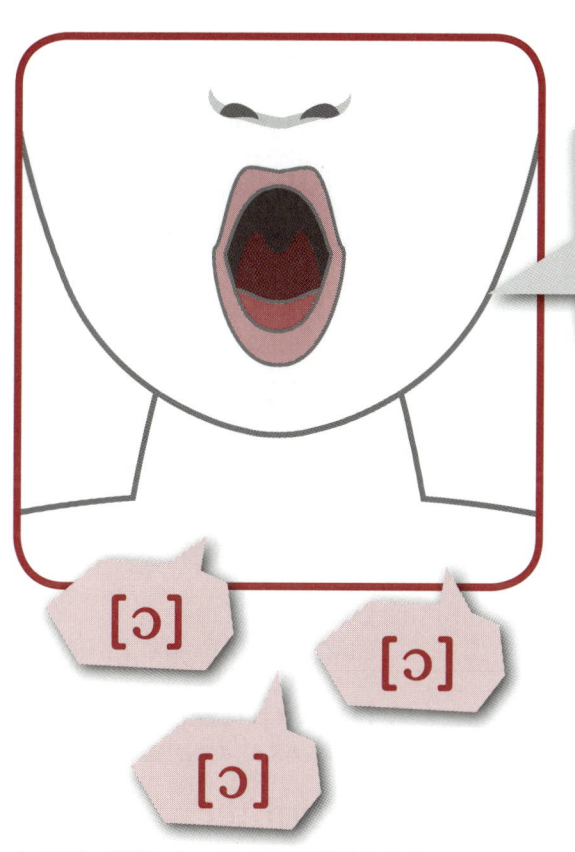

> [a] が唇にまったく力を入れないのに対し、「オ」の音に近い [ɔ] の方が、唇に少しだけ力が入ります。発音するときに、その違いを確かめてください

[ɔ]　[ɔ]　[ɔ]

★ [ɔ] は、辞書によっては [ɔ:] と表記されます。

Lesson 6　[ɔ] の音を出す❷

いよいよ英単語を使って発音練習！
低く伸ばす感じを心がけよう！

[ɔ] の音を低く伸ばす感じで、英単語を発音してみましょう。

- □ **all** [ɔ́l]　全体
- □ **also** [ɔ́lsou]　〜もまた
- □ **author** [ɔ́θɚ]　作者
- □ **ball** [bɔ́l]　ボール
- □ **fall** [fɔ́l]　落ちる
- □ **hall** [hɔ́l]　玄関
- □ **tall** [tɔ́l]　背の高い
- □ **small** [smɔ́l]　小さい
- □ **talk** [tɔ́k]　話す
- □ **walk** [wɔ́k]　歩く
- □ **chalk** [tʃɔ́k]　チョーク
- □ **law** [lɔ́]　法律
- □ **saw** [sɔ́]　のこぎり
- □ **raw** [rɔ́]　生の
- □ **draw** [drɔ́]　〜を引く

- □ **long** [lɔ́ŋ]　長い
- □ **song** [sɔ́ŋ]　歌
- □ **strong** [strɔ́ŋ]　強い
- □ **belong** [bəlɔ́ŋ]　所属する
- □ **lost** [lɔ́st]　失った
- □ **taught** [tɔ́t]
  teach（教える）の過去・過去分詞形
- □ **caught** [kɔ́t]
  catch（つかまえる）の過去・過去分詞形
- □ **bought** [bɔ́t]
  buy（買う）の過去・過去分詞形
- □ **brought** [brɔ́t]
  bring（もってくる）の過去・過去分詞形
- □ **thought** [θɔ́t]
  think（考える）の過去・過去分詞形
- □ **daughter** [dɔ́tɚ]　娘

第1章 **4 縦の口**

まとめ

　この「縦の口」で出す音は、[a] も [ɔ] も、低い音ですが、とても目立つ音です。目立つということは、**必ずアクセントが来る**ということを意味します。これも大きなポイントです。

　この口の形をすると、低くても長くて目立つ音になります（すぐに"あくびの口"を作ったり閉じたりはできませんから）。したがって、いやでもここにアクセントが置かれるようになるのです。

　音は、それ自身に固有の高さと長さがあるのです。

　アクセントのある音が口の形で決まるというのは、驚きではありませんか？

　つづりはその音を文字で表したにすぎません。初めに音ありきなのです。

第5の口 ちからのくち 力の口

[ɚ]

[ʊ]

第1章　5 力の口

レッスンの流れ

Lesson 1　「力の口」について知る

Lesson 2　「力の口」の形を作る

Lesson 3　[ɚ] の舌の位置

Lesson 4　[ɚ] の音を出す

Lesson 5　単語で発音練習

Lesson 6　[ʊ] の舌の位置

Lesson 7　[ʊ] の音を出す

Lesson 8　単語で発音練習

Lesson 1　口について知る

「力の口」ってどんな口？
唯一チカラをキープする口！

　その名の通り、この口は声を出している間、ずっと力をキープすることが特徴です。[ɚ] と [ʊ] というの2つの音が、「唇に力が入る音」なのです。

Lesson 2　口の形を作る

「力の口」を作ってみよう！
キーワードは「唇をめくる」

口の形

上の唇を上にめくり、下の唇を下にめくります。
そのまま、上の歯と下の歯の間に指が1本入るようにします。

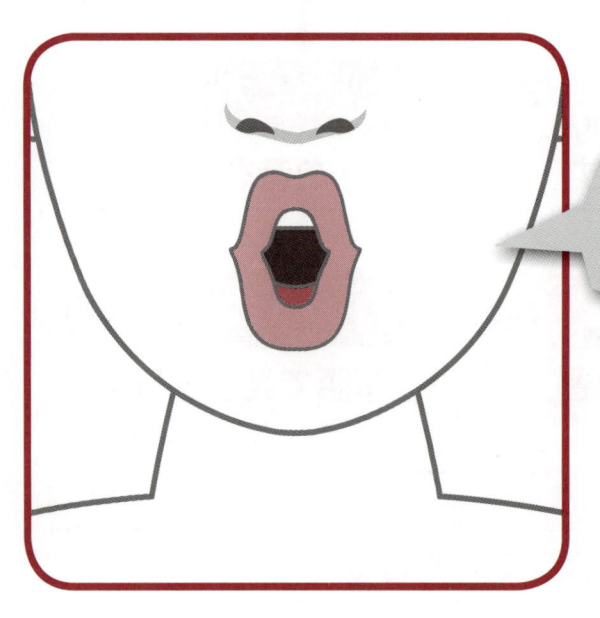

口角は内側に寄せるようにし、横に広がらないように力を入れます。

第1章　5 力の口

Lesson 3　[ɚ] の舌の位置を決める

**[ɚ] の舌の形をキープして
のどの奥に引き上げる**

舌の位置

舌の両サイドを、上の奥歯の内側にはめ込むようにします。

「脱力の口」で練習した [ə] の舌の形＝「舌全体の力が抜けて、スプーンのような形」をキープしたまま、のどの奥、上奥歯の内側に当たるまで引き上げると考えるとわかりやすいです。

奥歯の内側にはめ込むようにすると音が安定するので、はめ込むことを習慣づけましょう。

Lesson 4　[ɚ] の音を出す❶

CD 19

のどの奥から勢いよく長く！
難しい場合は音程を低めに！

[ɚ] の声を出してみましょう。
のどの奥のほうから勢いよく長めに出します。
出しにくかったら、音程を低めにすると安定します。

> すべての英語の音は、日本語よりも息の勢いを強めにしますが、特にこの音は強くしないと日本語の「ア」になってしまいます。[bɚd] ではなく、「バアド」のような音になってしまうということです。

> 勢いよく長く出すと、普段使ったことのないような声が出ると思います。

[ɚ]　[ɚ]　[ɚ]

★ [ɚ] は、辞書によっては [əːr] と表記されます。

第1章 5 力の口

Lesson 5　[ɚ] の音を出す❷

CD 20

いよいよ英単語を使って発音練習！
口をしっかり作り、ドスをきかせて！

[ɚ] の音を意識しながら、単語を発音してみましょう。

- ☐ ea**r**n [ɚ́n]　もうける
- ☐ ea**r**th [ɚ́θ]　地球
- ☐ ea**r**ly [ɚ́lɪ]　早い
- ☐ bi**r**d [bɚ́d]　鳥
- ☐ bu**r**n [bɚ́n]　燃える
- ☐ lea**r**n [lɚ́n]　学ぶ
- ☐ tu**r**n [tɚ́n]　回す
- ☐ fi**r**m [fɚ́m]　堅い
- ☐ gi**r**l [gɚ́l]　少女
- ☐ wo**r**k [wɚ́k]　労働
- ☐ wo**r**d [wɚ́d]　単語
- ☐ wo**r**ld [wɚ́ld]　世界
- ☐ fi**r**st [fɚ́st]　1番目の
- ☐ hu**r**t [hɚ́t]　傷つける
- ☐ shi**r**t [ʃɚ́t]　シャツ
- ☐ ski**r**t [skɚ́t]　スカート
- ☐ nu**r**se [nɚ́s]　看護師
- ☐ cu**r**tain [kɚ́tn]　カーテン
- ☐ pe**r**son [pɚ́sn]　人
- ☐ retu**r**n [rɪtɚ́n]　戻る
- ☐ pu**r**ple [pɚ́pl]　紫
- ☐ thi**r**d [θɚ́d]　3番目の
- ☐ hu**r**ry [hɚ́ɪ]　急ぐ
- ☐ thi**r**ty [θɚ́tɪ]　30
- ☐ thi**r**sty [θɚ́stɪ]　のどの渇いた
- ☐ pe**r**sonal [pɚ́snl]　個人の
- ☐ pu**r**pose [pɚ́pəs]　目的
- ☐ bi**r**thday [bɚ́θdèɪ]　誕生日
- ☐ Thu**r**sday [θɚ́zdeɪ]　木曜日
- ☐ conce**r**t [kánsɚt]　コンサート

Lesson 6　[ʊ] の舌の位置を決める

[ə] の舌とあご
＋唇に力を入れよう！

舌の位置

[ə] の舌とあごの位置を保ちつつ、唇に力を入れます。
舌全体が少し硬くなります。
舌が上がらないように鏡で見張りましょう。

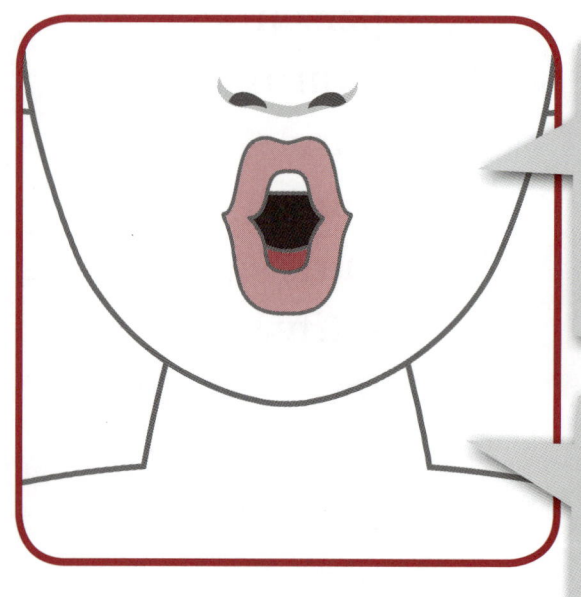

「力の口」は唇に力を入れるので、舌は自然と上に上がろうとします。それに反して舌を下方に置いておこうとするので、自動的に舌に力が加わるのです。舌が上がると日本語の「ア」になってしまうかもしれません。

あるいは、[ə] の音を出してみて、気持ちは「ウ」を出そうと思ってみてください。そう思うと、唇が突き出ようとします。ここで、「歯と歯の間を指1本開け、舌は上げない」を意識して、鏡で見張っておけば、音が出来上がります。

第1章 ⑤ 力の口

Lesson 7　[ʊ] の音を出す❶

お腹からポンと勢いよく！
難しい場合は音程を低めに！

[ə] と同様に、お腹からポンと出す勢いよく出す。
短い音になっていればOK！

[ʊ]
[ʊ]
[ʊ]

> この息を使う音は、[ɪ] [ʌ] [ʊ] の3種類だけで、これらはすべて短い音です。単語で確認しましょう。
> 　　hit　cut　book
> この声の出し方では、長い音は出ません。短い音になっているかどうかが、この3つの音を正しく出せているかどうかの目安になります。

★ [ʊ] は、辞書によっては [u] と表記されます。

Lesson 8 [ʊ] の音を出す❷

いよいよ英単語を使って発音練習！
勢いよく短くを心がけて！

[ʊ] の音を意識しながら、英単語を発音してみましょう。

- ☐ good [gʊ́d] 良い
- ☐ book [bʊ́k] 本
- ☐ cook [kʊ́k] 料理する
- ☐ hook [hʊ́k] フック
- ☐ look [lʊ́k] 眺める
- ☐ took [tʊ́k] take（取る）の過去形
- ☐ shook [ʃʊ́k] shake（ゆれる）の過去形
- ☐ bull [bʊ́l] 雄牛
- ☐ full [fʊ́l] いっぱいの
- ☐ pull [pʊ́l] 〜を引く
- ☐ wool [wʊ́l] 羊毛
- ☐ put [pʊ́t] 置く
- ☐ foot [fʊ́t] 足
- ☐ wood [wʊ́d] 木
- ☐ could [kʊ́d] 〜できた
- ☐ would [wʊ́d] 〜だろう
- ☐ should [ʃʊ́d] 〜すべきだ
- ☐ bush [bʊ́ʃ] 低木
- ☐ push [pʊ́ʃ] 押す
- ☐ cookie [kʊ́ki] クッキー
- ☐ sugar [ʃʊ́gɚ] 砂糖
- ☐ butcher [bʊ́tʃɚ] 肉屋
- ☐ cushion [kʊ́ʃən] クッション
- ☐ woman [wʊ́mən] 女性
- ☐ wooden [wʊ́dn] 木でできた
- ☐ pudding [pʊ́dɪŋ] プディング
- ☐ football [fʊ́tbɔl] フットボール
- ☐ goodbye [gʊ̀dbái] さようなら

第1章 5 力の口

まとめ

　これで英語の母音を発音する5つの口、すなわち、「横の口」「突き出しの口」「脱力の口」「縦の口」「力の口」がすべて終わりました。

　ここで、口の形と出す音の関係を、まとめておきましょう。口の形はたった5つですから、何度も復習して、瞬時にその口ができるように習熟してください。

「横の口」……………　[e]　[i]　[æ]
➡ 第2章以降では、「▽」の記号で表します

「突き出しの口」……　[u]
➡ 第2章以降では、「◎」の記号で表します

「脱力の口」…………　[ə]　[ʌ]　[ɪ]
➡ 第2章以降では、「○」の記号で表します

「縦の口」……………　[a]　[ɔ]
➡ 第2章以降では、「０」の記号で表します

「力の口」……………　[ɚ]　[ʊ]
➡ 第2章以降では、「□」の記号で表します

第1章を超速で復習！

1 横の口

指1本分口をあける。口角を横に引く

- **e** ▶ 舌先は下の前歯に置く。舌の奥は中間。「エ」に近い
- **i** ▶ 舌先は下の前歯の付け根におく。
  舌の横は上の歯につける「イ」に近い
- **æ** ▶ 指2本分口をあける舌先は下の前歯に置く。
  舌全体を盛り上げ、奥を上げる

2 突き出しの口

口笛やストローをイメージ。上下の歯の間は指1本。
舌先は前に、奥は下げる

- **u** ▶ 口笛っぽく、日本語より勢いよく！ 「ウ」に少し「オ」が混じる

3 脱力の口

下あごを下げ、指1本ぶんあける。ダラーンとだらしなく

- **ə** ▶ 舌先は下の前歯近く。奥は下げる。ダラーンとだらしなく
- **ʌ** ▶ [ə] と同じで OK。ただし [ə] より少し高く大きく声を出す
- **ɪ** ▶ 「イ」の舌の位置から唇の力を抜く。お腹から短く一気に声を出す

4 縦の口

あくびの口で、指2本ぶんあける。
舌先は下の前歯につくくらい前に、奥は下げる

- **a** ▶ カラスの声をまねるイメージで大きく長く出す
- **ɔ** ▶ [a] と同じ出し方で、[a] よりもやや「オ」に近い音

5 力の口

上下の唇をそれぞれ上下にめくる。上下の歯の間は指1本分あける

- **ɚ** ▶ 舌の両サイドを上の奥歯内側にはめ込む。のどの奥から勢いよく長く
- **ʊ** ▶ 舌先は下の前歯近く。奥は下げる。お腹からポンと勢いよく出す

第2章

発音力を引き上げる 5つのテクニック

1. 音節とアクセントの基本 ・・・・・・・・・・・・・・・・・ 60
2. リンキングの基本①　子音＋子音 ・・・・・・・・ 68
3. リンキングの基本②　子音＋子音 ・・・・・・・・ 74
4. 弱音と消える音 ・・・・・・・・・・・・・・・・・・・・・・・ 82
5. [t] 音の変化 ・・・・・・・・・・・・・・・・・・・・・・・・・・ 92

1 強い音だけに集中!!
音節とアクセントの基本

第1章では、母音に焦点を当てながら、単語の発音を扱いました。

第2章以降は、複数の単語からなる**フレーズや文**を扱っていきます。

ですが、手がかりは単語の中にありますので、最初は単語の発音を、第1章とは違った角度から見ることから始めます。突然難しくなったりしませんのでご安心を。

では、レッスンを始めましょう。

レッスンの流れ

- **Lesson 1** 音節とは？
- **Lesson 2** アクセントが来る音節
- **Lesson 3** アクセントの重要ポイント
- **Lesson 4** アクセントレッスン フレーズ編
- **Lesson 5** 発音の手順を整理しよう
- **Lesson 6** 復習しよう！

第2章　**1** 音節とアクセントの基本

Lesson 1 　「音節」とは？

information という単語で音節がスッキリわかる

　まずは「音節」とは何かという話をしましょう。information という単語の発音の中には、英語発音のエッセンスが凝縮しています。つまり、たった１つの単語の発音への気づきが、あなたの発音の力を一気に引き上げるのです。

> 「音節」とは、
> 母音のまとまりがいくつあるかということ

　つまり、**母音の数＝音節の数**ということになります。母音に子音がくっついている場合は、その子音も含めて「１音節」とカウントします。

　たとえば、car は単語丸ごとで１音節、carpet は car と pet で２音節、という具合です。

　それでは、information という単語の音節について見てみましょう。

> in - for - ma - tion
> [ɪn - fɚ - méɪ - ʃən]
> **1音節**　**2音節**　**3音節**　**4音節**

　このように、information の場合は、４つの母音のかたまりがあるので、**4音節**ということになります。

Lesson 2　アクセントが来る音節

99%通じるためのテクニック

> **in - for - ma - tion**
> [ɪn - fɚ - méɪ - ʃən]
> 1音節　2音節　3音節　4音節
> ここにアクセントが来る

　単語を見たら、どの音節にアクセントが来るかをまず考えましょう。
　information は、3つめの音節 ma [meɪ] に1番目のアクセントが来ます。ここにアクセントが来て、それが「横の口」で発音されるとわかれば、その時点で80%は通じます。

> アクセントが1カ所の単語なら、どこにアクセントが来るかわかれば90%通じますが、information はアクセントの来るところがもう1カ所あるので、80%なのです。

> **in - for - ma - tion**
> [ɪn - fɚ - méɪ - ʃən]
> 1音節　2音節　3音節　4音節
> 2番目のアクセントはここ

　2番目のアクセントは、1音節の in[ɪn]、つまり「脱力の口」です。
　この2つのアクセント部分の音がきちんと発音できれば、残りの音節（この場合2音節と4音節）の母音がいい加減な発音でも、99%通じます。

> アクセントのない部分は曖昧母音くらいのほうが全体のリズムがよくなり、通じやすくなります。

**アクセントの正しい発音＋曖昧母音
＝ 99%通じる発音**

第2章　1 音節とアクセントの基本

Lesson 3　アクセントの重要ポイント

アクセント≠音の大きさ・高さ
重要なのは音の長さ！

アクセントは、大きな声でも高い声でもありません。
アクセントで大切なのは**音の長さ**です。
長さで変化をつけると、自然にアクセントがつきます。

> もっともっと、訴えたいくらいにアクセントをつけたければ、高くしたり、大きな声にしたりすることも有効ですが、いちばん大事なのは長さです。

in for m a tion
1音節　2音節　3音節　4音節
[ɪn - fə - méɪ - ʃən]

音節ごとの長さを棒で表すと、このような感じになります。
各音節の長さに注目して、ゆっくり発音してください。
たった1単語の中にも、このようなリズムがあるのです。

> フレーズになっても文になっても、この「単語のリズム」がベースとなります。日本語では「イン・フォー・メー・ション」と、均等な4拍で発音しますが、英語では「音節ごとの長さ」が異なるのです。

そして、アクセントには2つの大きなルールがあります。
（これについては、次のレッスン以降で具体的に見ていきます）。

1. アクセントは隣の音節には並ばない。
2. アクセントのない音節は、いくらでも並ぶ。

Lesson 4　アクセントレッスン

「ひとつなぎに発音」が基本

　Lesson 3で出てきたアクセントの2大ルールがどう働くか、2つの短いフレーズで見てみましょう。

sit [sít]
down [dáʊn]

→ sitとdownを個々の単語として発音する場合は、それぞれにアクセントがあります。

sitdown
　　[aʊ]

→ 2つの単語（sitとdown）が1つのフレーズになる場合は、それを《sitdown》という「1つの単語」だと考え、音も切れません。
　《sitdown》のアクセントは、downの「ow」です。

隣り合った音節が両方ともアクセントになることはないので、sit downの場合はdownにアクセントが置かれ、sitが遠慮する形になります。

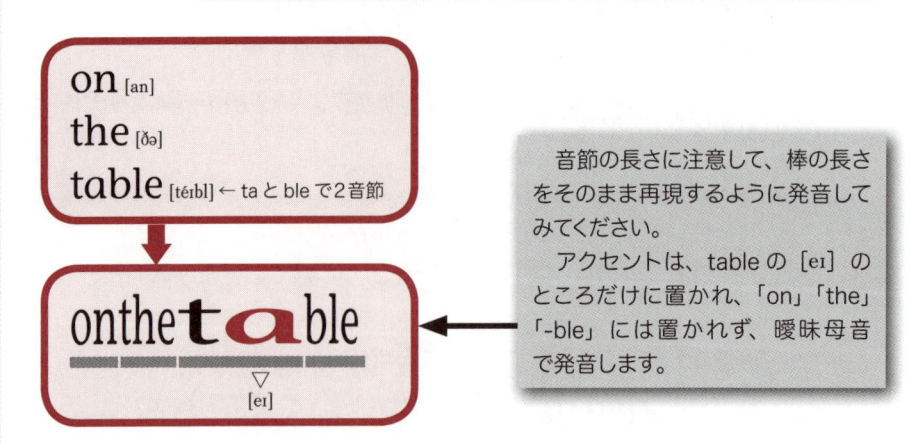

on [an]
the [ðə]
table [téɪbl] ← taとbleで2音節

onthetable
　　　[eɪ]

→ 音節の長さに注意して、棒の長さをそのまま再現するように発音してみてください。
　アクセントは、tableの [eɪ] のところだけに置かれ、「on」「the」「-ble」には置かれず、曖昧母音で発音します。

　つまり、英語は単語ごとで間にスペースを入れて表記されますが、実際には、ほとんどの場合**つなげて発音**されます。フレーズも文も、あたかも1つの単語であるように、**ひとつなぎに発音するのが基本です**。

Lesson 5　発音の手順を整理しよう！

伝わる発音のための4ステップ

では、単語やフレーズを発音する際の手順を整理してみましょう。

ステップ❶
単語やフレーズを見たら、アクセントの置かれる音節（母音）に注目する。

ステップ❷
その母音は「5つの口」のどの口で発音するのか？

ステップ❸
（同じ口に複数の音がある場合）どの音か？

ステップ❹
アクセントが置かれる音以外は、すべて曖昧に発音する。つまり、（「脱力の口」のレッスンでも言及したが）アクセントのない母音は、ほとんどが「脱力の口」で発音される。

アクセントのない音節の子音も、唇や歯や舌を摩擦しながら発音することが多いのですが、基本的に口の形は「脱力の口」なのです。リラックスした口の形だから、多種多様な子音に即座に対応できるのです。

Lesson 6　復習しよう！

日英のリズムの違いを意識しよう！

　今回のレッスンでは、「英語では音節ごとの長さが異なる」という、とても大事なことを学びました。よく日本人の英語は「ダダダダダ」という機関銃のようなリズムだと言われますが、その原因は information を「イン・フォー・メー・ション」と、均等な4拍で発音する日本人特有のリズム感から来ていたのです。

　ひとことで言うと、日本人の英語は「**均等リズム**」、ネイティブ・スピーカーの英語は「**長短リズム**」なのです。

　では、次の3つの単語とフレーズで、日英のリズムの違いを復習しましょう。

forget（忘れる） ➡ for**get**
　　　　　　　　　　　　▽
　　　　　　　　　　　　[e]

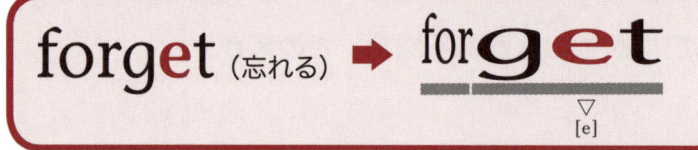

come in（中に入る） ➡ come **in**
　　　　　　　　　　　　　○
　　　　　　　　　　　　　[ɪ]

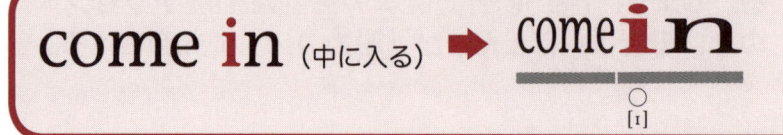

in my bag（私のかばんの中に） ➡ inmy **bag**
　　　　　　　　　　　　　　　　　　▽
　　　　　　　　　　　　　　　　　　[æ]

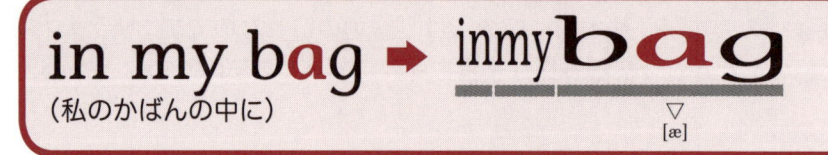

　どうですか？　「フォー・ゲット」「カム・イン」「イン・マイ・バッグ」という等間隔の日本人発音との違いがわかりましたか。この日英のリズムの違いに気づき、それに注意しながら発音するだけで、あなたの英語は見違えるように伝わりやすくなります。

まとめ

　今回のレッスンでは、英語の発音の大事な点を、たくさんお伝えしました。

　忘れないように、ポイントをまとめておきましょう。

① アクセントのある音節は隣り合わない。
② アクセントのない音節は曖昧に発音されることが多い。
③ アクセントのある部分は長く発音される。
④ より強調したいときは、高く、大きく発音することもある。
⑤ 英語の単語は音節ごとに長さが異なる。
⑥ すべての音節を均等に発音する日本語式の発音は、機関銃のように聞こえる。
⑦ アクセントの位置が違っていたり、アクセントがわかりにくかったりする発音は、「伝わりにくい英語」になってしまう。

　今回は、大事なポイントがてんこ盛りでした。この章のハイライト部分と言ってもいいでしょう。この数ページを理解し、実践するだけで、あなたの英語は見違えるようになります。

2 意外に日本人は得意！
リンキングの基本① 子音+母音

　前回は、information という単語からスタートし、最後は come in のようなフレーズ（2単語以上のかたまり）の発音まで話が進みました。

　音を聞いていただくと、come in は「カム・イン」ではなく、「カミン」のように、ひとつなぎで発音されていることがわかると思います。

　今回は、このように2つ以上の単語がひとつなぎに発音されるときに起こる「リンキング」という現象について見ていくことにしましょう。

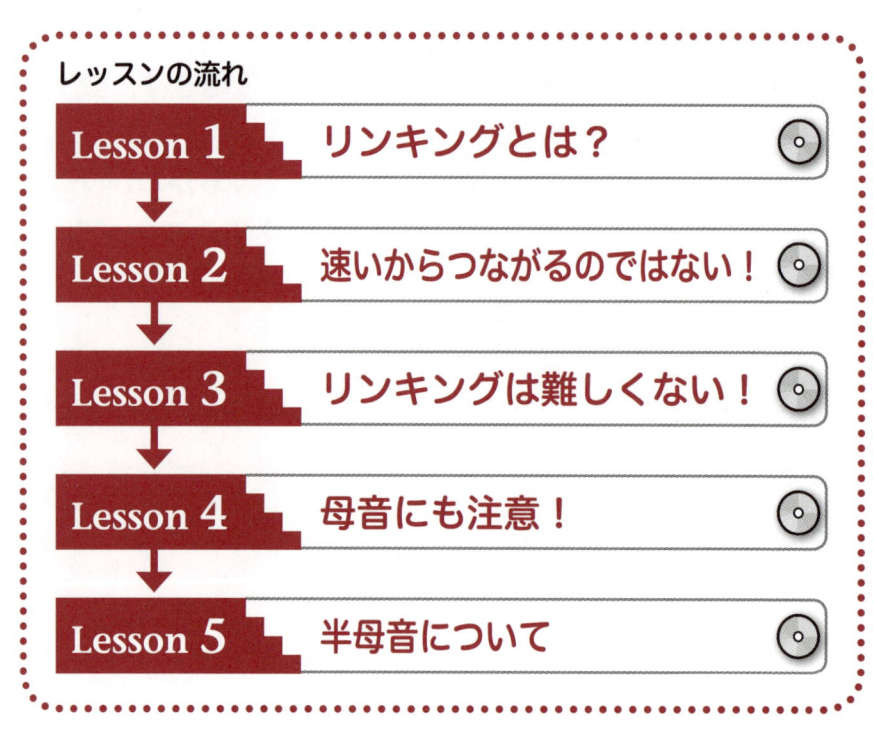

レッスンの流れ

- **Lesson 1** リンキングとは？
- **Lesson 2** 速いからつながるのではない！
- **Lesson 3** リンキングは難しくない！
- **Lesson 4** 母音にも注意！
- **Lesson 5** 半母音について

Lesson 1　リンキングとは？

love it でリンキングがスッキリわかる

　リンキングとは単語から単語へと音がつながることです。
　2つの単語から成るフレーズでも、息をつなげて1つの単語のように発音すれば、自然に音はつながります。

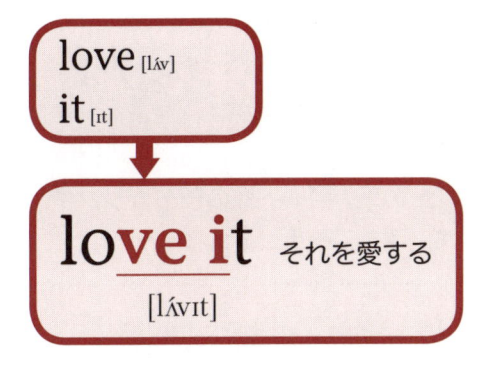

love [lʌ́v]
it [ɪt]

↓

lo**ve it**　それを愛する
[lʌ́vɪt]

　こう考えるとわかりやすいでしょう。love it というフレーズは「ラヴ・イット」と区切って発音されるのではなく、「ラヴィ（ッ）」のように、ひとつなぎに発音されるのです。

Lesson 2　速いからつながるのではない！

ゆっくり発音しても切れません！

　２つの言葉がつながって発音されるのは、速く話すからではありません。**たとえゆっくり話しても音はつながる**のです。したがって、練習では「早く発音しよう」とあせる必要はまったくありません。
　英語の発音は、スピードを上げればうまく聞こえるわけではないのです。

> ゆっくりでも、つながる所をしっかりつなげば
> 英語らしい発音になります！

　それでは CD で例文を聞いてみましょう。赤字＋下線の部分がリンキングしていますので注意して何度も聞いて、言ってみましょう。

❶ Che**ck it o**ut!　（よく見て！）

❷ Ste**p on i**t!　（急いで！）

❸ Sto**p i**t!　（やめて！）

❹ pi**ck it up**　（手に取る）

❺ two day**s o**ff　（２日間の休み）

❻ firs**t of a**ll　（まず第一に）

❼ wor**th i**t　（その価値がある）

❽ oli**ve oi**l　（オリーブ油）

❾ a bi**g e**gg　（大きな卵）

❿ whe**n I** was young　（私が若かったころ）

Lesson 3　リンキングは難しくない！

日本人が得意な「子音+母音」

　リンキングには「子音+母音」と「子音+子音」の2種類があります。ここでは、**日本人ならだれでも簡単にできる「子音+母音」**を練習します。

> 「子音+母音」は、実はローマ字表記の理論と同じですので、日本人の私たちには少しも難しいことではないのです。

　たとえば come in（中に入る）というフレーズでは、come の [m]（ム）と in の [ɪ]（イ）がくっついて、「ミ」のような音になります。**[m] + [ɪ] = [mɪ]** ということです。

> come だけを発音すると、最後の [m] は口を閉じます。しかし、次に母音がくると連結し、次の i にアクセントがくるので、弱音が強音になります。つまり、come という単語のときよりも [m] を**はっきりと発音し、次の母音へとつなげます。**

　このパターンは、フレーズで**「子音+母音」の場合はすべて起こります**。an apple のような「an +母音」の場合も同じです。ちなみに、子音 [t] と [d] については特別な注意が必要なので、このあと「リンキングの基本❷」で詳しく学習します。それでは短い英文で、リンキングを見てみましょう。

---

❶ Ha<u>ve a</u> seat.　（座りなさい）

❷ Travelin<u>g is</u> expensive, isn't it?　（旅行は高いよね）

❸ Socce<u>r is</u> o<u>ne o</u>f my favorite sports.
（サッカーは私の大好きなスポーツの1つ）

❹ I kno<u>w a</u> lot of word<u>s in</u> English.
（私は英単語をたくさん知っている）

Lesson 4　母音にも注意！

子音に続く母音をていねいに！

「子音＋母音」のリンキングについて、後ろの母音を見ていきましょう。
何事も、はじめはていねいすぎるほど練習すると、あとで生きてきます。

❶ come in

① come の最後の［m］の後、口を開けずに ➡ come　come　come
② in の母音に気を付けて繰り返す ➡ in　in　in
③ 子音と母音をつなげて ➡ min　min　min
⑤ come in と続けて ➡ comin　comin　comin

❷ an apple

① apple の a に気を付けて ➡ apple　apple　apple
② an の［n］で舌を上あごにつけたまま ➡ an　an　an
③ apple の a を言う ➡ a　a　a
④ ②と③を続けて上あごに付けた舌を下に落としつつ ➡ ana　ana　ana
⑤ 全体をつなげて ➡ anapple　anapple　anapple

❸ make it

① make だけ発音すると［k］は弾いて終わる ➡ make　make　make
② 次に母音がくると連結するが、この場合、文中で it にアクセントが来ることはないので、弱音のままでの連結となる。 ➡ keit　keit　keit
③ 全体をつなげて ➡ makeit　makeit　makeit

Lesson 5　半母音について

母音のような役目をもつ子音！

　半母音は子音ですが、母音のような役割もある音なので、ここで少し触れておくことにしましょう。これらの音の変化がわかると、発音しやすく、聞き取りやすくなります。

半母音のルール

①半母音のあとには必ず母音が来る！＝半母音で終わる単語はない！！

　単語の最後が w や y や r という文字だった場合、これは母音の [u] [i] [ɚ] になります。したがって、母音の [ɚ] を子音の [l] と混同することはありません。

例　Wow! [wáʊ]　baby [béɪbi]　doctor [dáktɚ]

②伸ばせない音だが、あえて伸ばすと、以下のように母音になる！

[r] = [ɚ]　　　[j(y)] = [i]　　　[w] = [u]

日本語っぽくなりがちなので、基本は伸ばさず次についている母音にすぐ移ります。
where → [ueɚ] ではなく [weɚ]　　year → [íɚ] ではなく [jíɚ]

③母音 [ɚ] [i] [u] ＋母音は、半母音が自然に入り、リンキングする！

1 May I ask?（聞いてもいいですか）
　[meɪjaɪ]

2 Do I know her?（私は彼女を知ってますか）
　[duwaɪ] [noʊwhɚ]

3 Where is your school?（あなたの学校はどこですか）
　[wéɚrɪz]

4 Did you …?（〜しましたか）　※子音＋半母音のリンキング
　[dju]

5 ten years（10年）　※子音＋半母音のリンキング
　[njiɚ]

6 Take your time.（ゆっくりやって）　※子音＋半母音のリンキング
　[kjʊɚ]

3 実は日本人の弱点！
リンキングの基本❷ 子音＋子音

　今回は2つ目のリンキング、「子音＋子音」を学習します。子音と子音がつながるので発音しづらく、実は日本人がいちばん苦手なところです。
　ですがこれができるようになると、「わかってはいるけどリズムに乗れない、言いにくい！」という悩みが克服でき、発音が飛躍的に向上します。と同時に、ここを押さえると、発音以上にリスニング力も上達します。それではレッスンに入りましょう。

レッスンの流れ

- Lesson 1　最大のコツ
- Lesson 2　どんどん練習しよう！
- Lesson 3　さらにすごいコツ
- Lesson 4　もっと練習しよう！
- Lesson 5　単語内でも起こるリンキング
- Lesson 6　さらに練習しよう！！

第2章　3 リンキングの基本❷

Lesson 1　最大のコツ

" バス停 " で身につける「弱＋強」

「子音＋子音」の発音の基本の基本はずばり、「弱＋強」という考えです。

> そしてここでもう一度、「アクセントがあると音が長くなり、アクセントがないと短くなる」ということを、思い出しておきましょう。

bu<u>s s</u>top

[bʌs stap]

　アクセントのところで、「弱いところは短く、強いところは長く発音する」と学びましたね。
　したがって、bus の s は短く、stop の s は長くします。
　音声を聞いて2つの「s」の長さの違いをつかみましょう。

> 「同じ音が連続すると1つになる」と考えるとリズムが崩れ、意味が伝わりにくくなる原因にもなります。
> 「弱い s」から「強い s」に移行するのですが、これを練習するのは理論ではなく、最初の「s」を言ったらすぐに stop をていねいにしっかりと言おうとすればできます。

**「子音＋子音」のリンキングでは、
1つ目の単語の最後の子音を弱く、
2つ目の単語の最初の子音を強く発音する！**

Lesson 2 どんどん練習しよう！

まずは短い3つのフレーズで

❶ [t] + [t] what time （何時に）

考え方は Lesson 1 の [s] の連続とまったく同じで、後ろの time の [t] をしっかり言おうとするので、上あごに吸い付く時間が長く、勢いよく弾きます。そのぶん、前の what の [t] は短くなります。どちらかの音をカットするのではなく、くっつけて「弱＋強」のリズムで言うからこそ、意味が分かるのです。[t][d][p][b][k][g] などの破裂音は、弱くなると次の子音の準備に入るので音は聞こえません。

❷ [v] + [f] have fun （楽しい時間をすごす）

have の [v] は有声音（声を伴う音）、fun の [f] は無声音（声を伴わない音）ですが、どちらも口の形は共通なので、同じ音が続く場合と同様に考えます。「有声音→無声音」と、喉の響きで変化がはっきりわかります。

❸ [z] + [ð] Is this OK? （いいでしょうか？）

これは日本人が最も苦手な「子音＋子音」のコンビネーションです。

is の [z] を発音したら、瞬時に舌を [ð] の位置へ移動し、ていねいに発音します。言いにくい場合は、センテンス全体を繰り返すのと同じところで引っかかるので、[z ð] [z ð] [z ð] [z ð]… と練習すれば、身につきやすくなります。[z] は短く、[ð] は長くていねいに発音します。

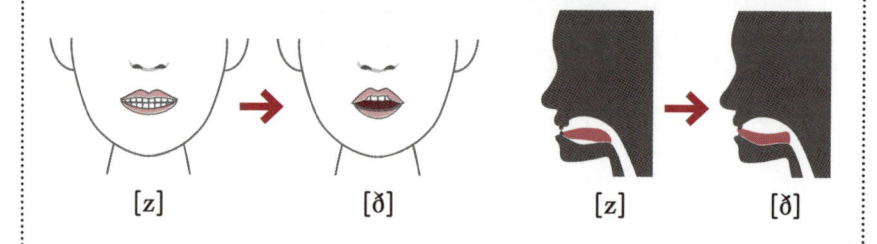

[z] → [ð]   [z] → [ð]

Lesson 3　さらにすごいコツ

応用がきく子音の口の形や舌の位置がある

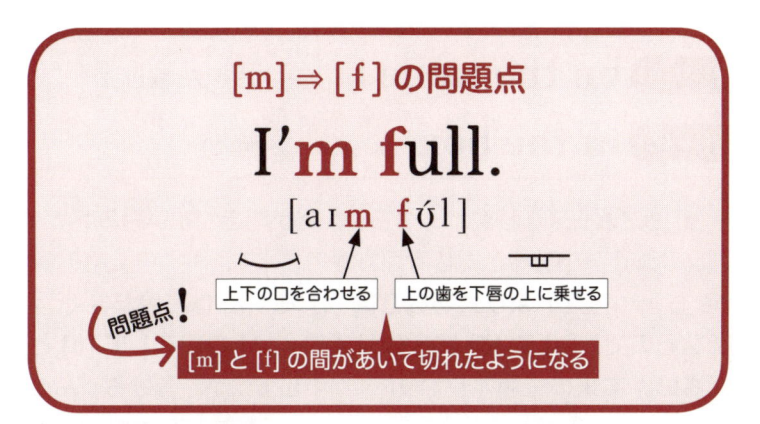

> **[m] ⇒ [f] の問題点**
>
> **I'm full.**
> [aɪm fʊ́l]
>
> 上下の口を合わせる　　上の歯を下唇の上に乗せる
>
> 問題点！　[m] と [f] の間があいて切れたようになる

　上のような問題点を解消し、スムーズにリンキングするコツがあります。
　じつは、次の子音がスムーズに出るために、**応用の効く子音の口の形が**あります。その１つが [m] なのです。
　この I'm full. のように、[m] のすぐ次に [f] や [v] が来るときは、**[m] の段階で口の形を [f] や [v] に合わせておけばよい**のです。そうすれば、一瞬の間もなく次の [f] を出せます。

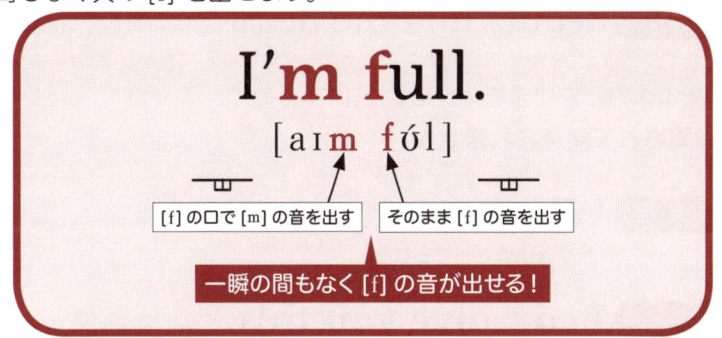

> **I'm full.**
> [aɪm fʊ́l]
>
> [f] の口で [m] の音を出す　　そのまま [f] の音を出す
>
> 一瞬の間もなく [f] の音が出せる！

> [f] の口の形で歯を一瞬だけしっかり唇につけて [m] と言うだけで OK！すぐにゆるめて空気を出すと [f] になるので、結果、アクセントのある full という単語が「よく聞こえた」ということになります！

Lesson 4　もっと練習しよう！

[n] の応用

❶ **[n] + [ð]** on the table [ən ðə téɪbl]　（テーブルの上に）

❷ **[n] + [ð]** in the box [ɪn ðə báks]　（箱の中に）

　[n] → [ð] もスムーズな移動がしづらく、間が開きやすい組み合わせです。前レッスンの [m] → [f/v] と同じ考え方ができます。

　on the も in the も、**より大切な音は [ð] で、[n] は応用がきくうえに [ð] より弱くなるので、[n] を [ð] に合わせます。[ð] の口をして [n] と言ってみてください。**本来の位置よりやりにくいでしょうが、音はちゃんと出ますね。このテクニックを使って、on the や in the と言ってみましょう。[ð] が [z] や [d] にならず、タイミングよくきれいに入るまで練習しましょう。

基本の [n]　← ここがあたっていれば、舌先は続く音のポジションに置いてもOK。　応用の [n]

❸ **[d] + [ð]** this and that [ðís ənd ðǽt]　（これとあれ）

❹ **[d] + [ð]** Beauty and the Beast [bjúːtɪ ənd ðə bíːst]　（美女と野獣）

　and の [d] のときに舌を [ð] の位置にするので、弾かなければいけない **[d] は省略されて発声されません。**

❺ **[n] + [k]** We can come anytime. [wɪ kən kʌ́m énɪtàɪm]
　（我々はいつでも来られる）

❻ **[n] + [g]** I can give you this. [aɪ kən gív ju ðís]
　（私はあなたにこれをあげられる）

　[k] や [g] の口を準備した状態で [n] の音を出します。舌先は上に上げず、そのままはじくだけで OK です。

第2章 ❸ リンキングの基本❷

Lesson 5　単語内でも起こるリンキング　CD37

[l] の応用

　1つの単語の中でも「子音＋子音」の連続は、前レッスンまでと同じ考え方で対処します。

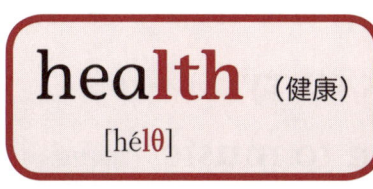

health （健康）
[hélθ]

health の場合、**[θ] 優先**で考えて、すぐ前の [l] を [θ] に合わせます。

> [l] は舌先を上に上げなくても出る（これを「ダーク・エル」と言います）ので、舌先が動きだした時は [θ] の位置を目指して動いています。つまり、[l] で舌先を律儀に上の歯茎に当てる必要はない、ということです。

　[θ] をいうタイミングの時には舌先はすでに [θ] に来ています。[l] の後ろにウも入れないので、日本語っぽい「エル」という音も出ません。

　　はじめの [l] ⇒　　　　　応用できる [l] ⇒

❶ **al**ready [ɔlrédɪ] （すでに）　　❸ **al**though [ɔlðóʊ] （〜だが）
❷ **al**ways [ɔ́lweɪz] （いつも）　　❹ wea**l**th [wélθ] （富）
❺ diffic**ul**t [dífɪkəlt] （難しい）
❻ I'**ll** tell you that. [aɪl tél ju ðǽt] （あれをあなたに言いましょう）
　↑このタイミングで舌を [t] の位置にする
❼ I'**ll** think about it. [aɪl θíŋk əbáʊt ɪt] （それについて考えよう）
　↑このタイミングで舌を [t] の位置にする

Lesson 6 さらに練習しよう！！

❶ [z] + [ð] Here's the thing. （困ったことがある）

❷ [m] + [ð] Vacuum the room. （その部屋を掃除なさい）

❸ [p] + [ð] Sweep the floor. （床を掃きなさい）

❹ [k] + [k] cook curry （カレーを作る）

❺ [n] + [t] listen to music （音楽を聴く）

❻ [l] + [d] fall down （転ぶ）

❼ [d] + [h] hold hands （手をつなぐ）

❽ [p] + [m] stamp my feet （両足で床を）

❾ [p] + [m] clap my hands （手をたたく）

❿ [tʃ] + [t] watch TV （テレビを見る）

⓫ [t] + [f] plant flowers （花を植える）

⓬ [m] + [l] go home late （遅く帰宅する）

⓭ [m] + [m] comb my hair （髪をとかす）　※bは発音しない

⓮ [s] + [g] Let's get started. （さあ始めよう）

⓯ [l] + [d] pull down （引きおろす）

⓰ [m] + [n] I'm not sure. （わかりません）

⓱ [s] + [s] gas station （ガソリンスタンド）

⓲ [s] + [f] That's funny. （それは面白い）

第2章　❸ リンキングの基本❷

⑲ [d] + [d] You shoul**d d**o your homework right now. （あなたは今すぐ宿題をすべきだ）

⑳ [s] + [t] It'**s t**ime to eat lunch. （ランチを食べる時間だよ）

㉑ [s] + [t] Ni**c**e **t**o see you. （会えてよかったです）

㉒ [s] + [g] It look**s g**ood. （良さそうだ）

㉓ [m] + [w] Co**m**e **w**ith me. （私と一緒に来て）

㉔ [s] + [r] What'**s wr**ong? （どうしたの）

㉕ [l] + [m] Ca**ll m**e. （電話してね）

㉖ [k] + [k] Ta**k**e **c**are. （じゃあね）

㉗ [f] + [k] / [s] + [n] O**f c**ourse no**t**. （もちろんそんなことはない）

㉘ [l] + [t] / [k] + [ð] I'**ll t**a**k**e **th**is. （これください）

まとめ

「子音+子音」は、日本人にとって自然にはできない、コツを習ってこそできる部分です。

「前の子音は弱く、後ろの子音は強く発音する」が基本なので、2番目の子音を長く発音し、1番目の子音を短く発音します。

そのために、**2番目の子音の口をあらかじめ用意しつつ、1番目の子音を軽く発音する**という奥の手を使う場合もあります。ちょっと驚きの話ではありませんでしたか？

このコツを、**this and that** で会得してください。

4 弱音と消える音
重要じゃないところが重要!?

　ここまで、アクセントがある部分は長く、場合によっては高く（大きく）発音するという話を何度もしてきました。
　その一方で、アクセントのない部分は短く、弱く発音することも示唆してきました。
　今回は、意味を伝えるのにあまり重要ではない音が、どのような扱いを受けるのかという話にフォーカスして、実際の発音練習をしていきましょう。
　重要でない部分をどう処理するかが、実はとても重要なのです。

レッスンの流れ

Lesson 1	アクセントなし部分の大事な基本
Lesson 2	まずは単語単位でチェック！ 🎧
Lesson 3	発音の秘密❶ 🎧
Lesson 4	発音の秘密❷ 🎧

第2章 ④ 弱音と消える音

Lesson 1　アクセントなし部分の大事な基本

大事な音とそうでない音の扱い方

　アクセントのない部分については、次のように理解してください。

> アクセントのない音は、適当でいい。
> 極論を言えば、適当でいい音は、
> 言わなくてもいい！

　どうですか、気が楽になりましたか？
　言葉とはそういうものなのです。**「意味を伝える」のが言葉の仕事**ですから、伝わればそれでいいし、伝わりやすければ、なおいいのです。
　つまり、**すべての音をはっきり言う必要はない**。大切な音とそうでない音があるのです。大切な音がどれかを見つけるには、「どこにアクセントがあるか」を見極める必要があります。

Lesson 2　まずは単語単位でチェック！ 〔CD 39〕

重要でない部分をあぶり出せ！

　単語の中で、アクセントがない部分（重要でない部分）をあぶり出しましょう。CDを聞き、弱い音がどう発音されているか注目してください。

◆2音節の単語
- ☐ mountain [máʊntən]（山）
- ☐ carton [káɚtn]（容器）
- ☐ believe [bɪlív]（信じる）
- ☐ forget [fɚgét]（忘れる）
- ☐ guitar [gɪtɑ́ɚ]（ギター）
- ☐ famous [féɪməs]（有名な）
- ☐ poison [pɔ́ɪzən]（毒）
- ☐ compare [kəmpéɚ]（比べる）

★ [aʊ][ɔɪ] は、辞書によっては [au][oi] と表記されます。

◆3音節の単語 (CD 40)

- banana [bənǽnə]（バナナ）
- family [fǽməli]（家族）
- certainly [sə́ːtnli]（確かに）
- understand [ʌ̀ndərstǽnd]（理解する）
- dangerous [déɪndʒərəs]（危険な）
- decide [dɪsáɪd]（決める）

◆4音節の単語 (CD 41)

- information [ìnfərméɪʃən]（情報）
- unbelievable [ʌ̀nbɪlíːvəbl]（信じがたい）
- supermarket [súːpəmɑ̀ːrkɪt]（スーパー）
- recovery [rɪkʌ́vəri]（回復）
- elevator [élɪveɪtər]（エレベーター）
- apologize [əpɑ́lədʒaɪz]（誤る）
- approximate [əprɑ́ksɪmət]（およその）

◆5音節の単語 (CD 42)

- unforgettable [ʌ̀nfərgétəbl]（忘れられない）
- vocabulary [voʊkǽbjələri]（語彙）
- anniversary [ænɪvə́ːrsəri]（記念日）
- university [jùːnəvə́ːrsəti]（大学）
- individual [ìndɪvídʒuwəl]（個人）
- international [ìntərnǽʃənəl]（国際的な）
- organization [ɔ̀ːrgənəzéɪʃən]（組織）

アクセントのない弱い音は、「脱力の口」で曖昧に発音されます。**ほとんど母音がない（子音だけの）ように聞こえる**場合もあります。

> 音節が4つ以上になると、2つ以上の音が弱くなる事が多くなります。**極端な場合、消されてしまう**こともあります。長い専門用語なども、この消去のテクニックを使うと、通じる発音までの近道を見つけたように簡単になります。つまり、**1つの単語の中でもメリハリをきかす**ということです。

Lesson 3　発音の秘密❶

消したほうが通じやすくなる！

　アクセントのない＝重要でない音までしっかり発音するよりも、消してしまったほうが、**言いやすいだけでなく通じやすくなります**。なぜなら、そうすることで、**大切な音をていねいに言う時間が増える**からです。

　ところで、「ネイティブスピーカーの英語、聞いているとそんなに速く感じないけど、一緒に発音しようとすると速くてついていけない！」と感じたことはありませんか。

　これは、あなたがすべての音を発音している間に、ネイティブ・スピーカーが**弱音を適当に言ったり省略したり**しているため、同じ単語でも発音する時間に差ができるからなのです。

> 「個々の部分が何回聞いても聞こえないんです」という人に、どこが聞こえないのかたずねると、弱音の部分がほとんどです。「言っていないから聞こえなくて当然です！」と答え、この理論で練習してもらいます。

　これはフレーズや文でも同じです。**聞こえない単語**のほとんどは、その単語がなくても**大体の意味が通じる**単語なのです。

　大切な単語を目立たせる（＝長く言う）ために、添え物の単語は遠慮してもらう（＝短く言う・消えてもらう）と考えましょう。それでは実際の単語で練習しましょう！

- □ aspirin [ǽspərin]（アスピリン）
- □ chocolate [tʃɔ́kələt]（チョコレート）
- □ different [dífərənt]（違う）
- □ elementary [èləméntəri]（初歩の）
- □ favorite [féivərət]（大好きな）
- □ laboratory [lǽbərətɔ̀ri]（研究所）
- □ naturally [nǽtʃərəli]（当然）
- □ restaurant [réstərənt]（レストラン）

※ laboratory は、アメリカとイギリスでアクセントの位置が違うこともある（これはアメリカ発音）。

Lesson 4　発音の秘密❷

弱く読む単語がある！

　英単語の中には、「強く読む単語」と「弱く読む単語」の2種類があります。ここでは、**弱く発音することが多い単語に焦点**を当てて、練習します。
　何度も声に出して言うことが最短で最強の道です。
　CDで音を確認しながらまねをして言ってみてください。最初は「強く読む発音」、次に「弱く読む発音（省略形）」、さらに単語をつなげていって最後は文にします。

---

❶ and　[ænd] ⇒ [n]　　　　　　　　　　　　　　CD 44

I'll have sou**p an**d salad.（私はスープとサラダを食べるだろう）
and　and　and ➡ n　n　n
　　　　　　　➡ soup n　soup n　soup n
　　　　　　　➡ soup n salad　soup n salad　soup n salad
　　　　　　　➡ I'll have soup n salad.　I'll have soup n salad.

Hey boy**s an**d girls.（やあ、少年少女たち）
and　and　and ➡ n　n　n
　　　　　　　➡ boys n　boys n　boys n
　　　　　　　➡ boys n girls　boys n girls　boys n girls
　　　　　　　➡ Hey boys n girls.　Hey boys n girls.

---

❷ to　[túː] ⇒ [tə] ⇒ [t]　　　　　　　　　　　　CD 45

I'd like **to** speak to the manager.（私は経営者と話したい）
to　to　to ➡ tə　tə　tə
　　　　　➡ like tə　like tə　like tə
　　　　　➡ like tə speak　like tə speak　like tə speak
　　　　　➡ I'd like tə speak to the manager.
　　　　　　 I'd like tə speak to the manager.

I need **to** see the doctor.（私は医者へ行きたい）
to　to　to ➡ tə　tə　tə
　　　　　➡ need tə　need tə　need tə
　　　　　➡ need tə see　need tə see　need tə see
　　　　　➡ I need tə see the doctor.　I need tə see the doctor.

第2章　4 弱音と消える音

3 for　[fɔ́ɚ] ⇒ [fə]

I'm waiting **for** you.（私はあなたを待っている）
for　for　for　➡　fə　fə　fə
　　　　　　　➡ waiting fə　waiting fə　waiting fə
　　　　　　　➡ waiting fə you　waiting fə you　waiting fə you
　　　　　　　➡ I'm waiting fə you.　I'm waiting fə you.

This is **for** you.（これはあなたにです）
for　for　for　➡　fə　fə　fə
　　　　　　　➡ is fə　is fə　is fə
　　　　　　　➡ is fə you　is fə you　is fə you
　　　　　　　➡ This is fə you.　This is fə you.

4 or　[ɔ́ɚ] ⇒ [ɚ]

I can go either in the morning **or** at night.（朝でも夜でも行かれます）
or　or　or　➡　ɚ　ɚ　ɚ
　　　　　　➡ morning ɚ　morning ɚ　morning ɚ
　　　　　　➡ morning ɚ at　morning ɚ at　morning ɚ at
　　　　　　➡ I can go either in the morning ɚ at night.
　　　　　　　 I can go either in the morning ɚ at night.

He has time on Saturday **or** Sunday.（彼は土曜か日曜かに時間がある）
or　or　or　➡　ɚ　ɚ　ɚ
　　　　　　➡ Saturday ɚ　Saturday ɚ　Saturday ɚ
　　　　　　➡ Saturday ɚ Sunday　Saturday ɚ Sunday　Saturday ɚ Sunday
　　　　　　➡ He has time on Saturday ɚ Sunday.
　　　　　　　 He has time on Saturday ɚ Sunday.

5 at　[ǽt] ⇒ [ət]

I'll meet you tomorrow **at** my office.（私は明日あなたと事務所で会います）
at　at　at　➡　ət　ət　ət
　　　　　　➡ tomorrow ət　tomorrow ət　tomorrow ət
　　　　　　➡ tomorrow ət my　tomorrow ət my　tomorrow ət my
　　　　　　➡ I'll meet you tomorrow ət my office.
　　　　　　　 I'll meet you tomorrow ət my office.

We have to get settled **at** once.（我々はすぐに落ち着かねばならない）
at　at　at　➡　ət　ət　ət
　　　　　　➡ settled ət　settled ət　settled ət
　　　　　　➡ settled ət once　settled ət once　settled ət once
　　　　　　➡ We have to get settled ət once.　We have to get settled ət once.

6 some [sʌ́m] ⇒ [səm] ⇒ [sm]

I have **some** books for you. （私はあなたへの本を何冊か持っている）

some some some ➡ sm sm sm
　　　　　　　　　➡ have sm have sm have sm
　　　　　　　　　➡ have sm books have sm books have sm books
　　　　　　　　　➡ I have sm books for you. I have sm books for you.

He needs **some** soda. （彼はいくらかのソーダが必要だった）

some some some ➡ sm sm sm
　　　　　　　　　➡ needs sm needs sm needs sm
　　　　　　　　　➡ needs sm soda needs sm soda needs sm soda
　　　　　　　　　➡ He needs sm soda. He needs sm soda.

7 he [hi] ⇒ [i] / him [hɪm] ⇒ [ɪm]
his [hɪz] ⇒ [ɪz] / her [hɚ] ⇒ [ɚ]

Isn't **he her** father? （彼は彼女の父親ではないの？）

he her he her he her ➡ i ɚ i ɚ i ɚ
　　　　　　　　　　　➡ isn't i ɚ isn't i ɚ isn't i ɚ
　　　　　　　　　　　➡ isn't i ɚ father? isn't i ɚ father?

She tells **him** that **he** should mind **his** own business.
（彼女は彼に余計なお世話だと言った）

him he his him he his him he his
➡ ɪm i ɪz ɪm i ɪz ɪm i ɪz
➡ tells ɪm that i should mind ɪz own tells ɪm that i should mind ɪz own
➡ She tells ɪm that i should mind ɪz own business.
　　She tells ɪm that i should mind ɪz own business.

8 have [hǽv] ⇒ [əv] / has [hǽz] ⇒ [əz]

I **have** been to LA. （私はロスに行ったことがある）

have have have ➡ əv əv əv
　　　　　　　　 ➡ I əv I əv I əv
　　　　　　　　 ➡ I əv been I əv been I əv been
　　　　　　　　 ➡ I əv been to LA. I əv been to LA.

She **has** gone. （彼女は行ってしまった）

has has has ➡ əz əz əz
　　　　　　　➡ she əz she əv she əz
　　　　　　　➡ She əz gone. She əz gone. She əz gone.

第2章 ❹ 弱音と消える音

❾ as [ǽz] ⇒ [əz]

I'll finish **as** fast as I can. （なるべく早く終わらせます）

as as as ➡ əz əz əz
　　　　　　➡ finish əz finish əz finish əz
　　　　　　➡ finish əz fast finish əz fast finish əz fast
　　　　　　➡ I'll finish əz fast əz I can. I'll finish əz fast əz I can.

She is **as** sweet as honey. （彼女は蜂蜜同様に甘い）

as as as ➡ əz əz əz
　　　　　　➡ is əz is əz is əz
　　　　　　➡ is əz sweet is əz sweet is əz sweet
　　　　　　➡ She is əz sweet əz honey. She is əz sweet əz honey.

❿ can [kǽn] ⇒ [kən] ⇒ [kn]

I **can** recommend you this place. （私はここをあなたに勧められる）

can can can ➡ kn kn kn
　　　　　　　➡ I kn I kn I kn
　　　　　　　➡ I kn recommend I kn recommend I kn recommend
　　　　　　　➡ I kn recommend you this place.
　　　　　　　　I kn recommend you this place.

This is what she **can** do. （これが彼女のできることだ）

can can can ➡ kn kn kn
　　　　　　　➡ she kn she kn she kn
　　　　　　　➡ she kn do she kn do she kn do
　　　　　　　➡ This is what she kn do. This is what she kn do.

⓫ was [wʌ́z] ⇒ [wəz] / were [wə́ːr] ⇒ [wə]

I **was** just looking. （私はただ見ていただけです）

was was was ➡ wəz wəz wəz
　　　　　　　➡ I wəz I wəz I wəz
　　　　　　　➡ I wəz just I wəz just I wəz just
　　　　　　　➡ I wəz just looking. I wəz just looking.

They **were** so special. （彼らはとても特別だった）

were were were ➡ wə wə wə
　　　　　　　　➡ They wə They wə They wə
　　　　　　　　➡ They wə so They wə so They wə so
　　　　　　　　➡ They wə so special. They wə so special.

※この than の [t] 音は、なくてもよい

⑫ that [ðǽt] ⇒ [ðət] ⇒ [ðt]

Do you like **that** color? (あなたはあの色が好きですか)
that that that ➡ ðt ðt ðt
  ➡ like ðt like ðt like ðt
  ➡ like ðt color like ðt color like ðt color
  ➡ Do you like ðt color? Do you like ðt color?

※この than の [t] 音は、なくてもよい

I don't think **that** I can help you. (私があなたを助けられるとは思えない)
that that that ➡ ðt ðt ðt
  ➡ think ðt think ðt think ðt
  ➡ think ðt I think ðt I think ðt I
  ➡ I don't think ðt I can help you.
     I don't think ðt I can help you.

⑬ than [ðǽn] ⇒ [ðən] ⇒ [ðn]

I use the train more **than** the car. (私は車よりも電車をよく使う)
than than than ➡ ðn ðn ðn
  ➡ more ðn more ðn more ðn
  ➡ more ðn the more ðn the more ðn the
  ➡ I use the train more ðn the car.
     I use the train more ðn the car.

※ [n] は [ŋ] の位置に舌を置く

I'd rather eat hot dogs **than** burgers.
(私はバーガーよりホットドッグを食べたい)
than than than ➡ ðn ðn ðn
  ➡ hot dogs ðn hot dogs ðn hot dogs ðn
  ➡ hot dogs ðn burgers hot dogs ðn burgers hot dogs ðn burgers
  ➡ I'd rather eat hot dogs ðn burgers.
     I'd rather eat hot dogs ðn burgers.

第2章 ❹ 弱音と消える音

⓮ them [ðém] ⇒ [em]

I can't live without **them**. (私はそれらなしでは生きられない)
them　them　them ➡ em　em　em
　　　　　　　　　➡ without em　without em　without em
　　　　　　　　　➡ I can't live without em.　I can't live without em.

She'll give **them** to you. (彼女はそれらをあなたに与えるでしょう)
them　them　them ➡ em　em　em
　　　　　　　　　➡ give em　give em　give em
　　　　　　　　　➡ give em to　give em to　give em to
　　　　　　　　　➡ She'll give em to you.　She'll give em to you.

まとめ

　アクセントのある音節は時間をかけて長く発音しますが、アクセントのない音節は短く発音します。場合によると、発音しないときもあります。

　よく、リスニングが不得意だという人が「全部聞き取れない！」と嘆いているのを耳にしますが、聞き取れなくて当然です。なぜなら、最初からきちんと発音していないからです。

　省略された音を補いながら聞く力は、アクセントのあるなし（メリハリ）に注意して聞く習慣から生まれます。

　このような省略形は、アクセントのあるところを長く発音することの、いわば「副産物」のようなものです。最初は1単語ずつきちんと発音して、文意を理解してから省略形の練習をするとよいでしょう。そうしないと、意味もわからず音だけ真似しているだけになってしまいます。これでは本末転倒ですね。

5 リスニングが飛躍的に向上する！
[t]音の変化

　[t]の音は、あるはずなのに聞こえなくなったり、他の音に変化したりすることがあり、そのため、聞き取れなく（聞き取りにくく）なってしまいます。

　そこでこの理論を理解し、発音できるようになれば、音の変化に惑わされずリスニング力が向上することは間違いありません。

　ただし、これは北米のルールだとも言われています。国によってこの音の変化が起こらないことがありますが、その場合は基本通りですので問題ありません。

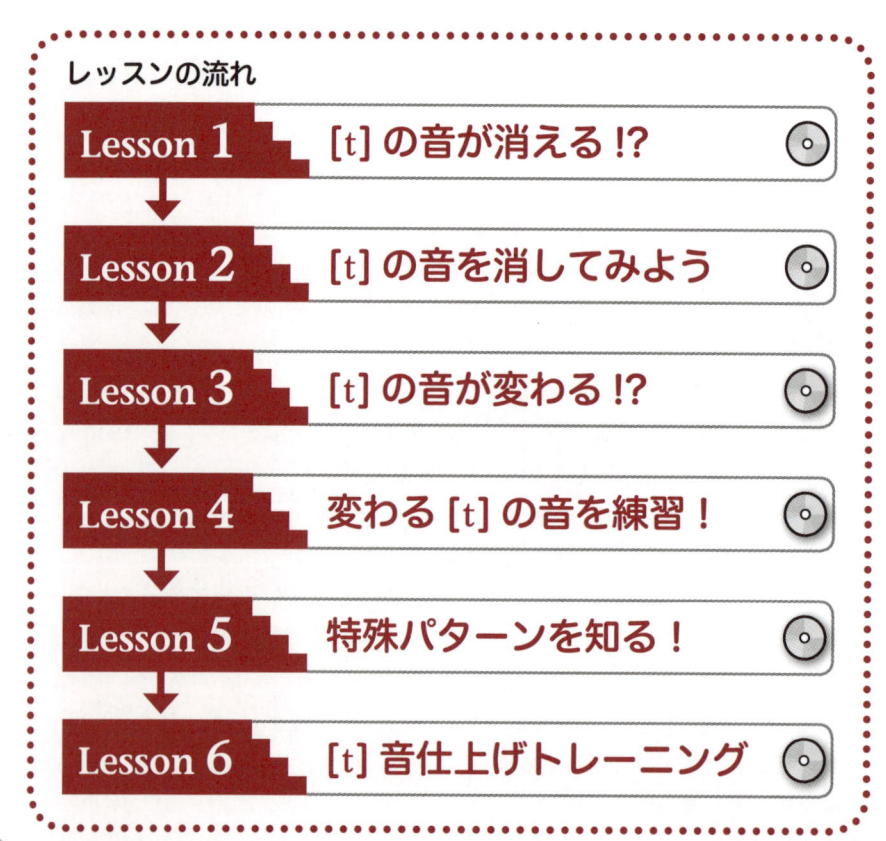

レッスンの流れ

- **Lesson 1**　[t]の音が消える!?
- **Lesson 2**　[t]の音を消してみよう
- **Lesson 3**　[t]の音が変わる!?
- **Lesson 4** 　変わる[t]の音を練習！
- **Lesson 5**　特殊パターンを知る！
- **Lesson 6**　[t]音仕上げトレーニング

第2章 5 [t]音の変化！

Lesson 1　[t]の音が消える!?

2つのパターンでスッキリわかる

　英文中で[t]の音が聞こえない（発音されない）ケースには、2パターンあります。

1 単語の最後が[t]で、次の単語の最初が子音の場合

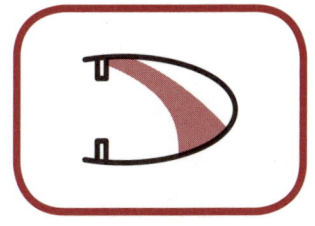

> このタイミングがずれると何を言っているのかわからないので、[t]をちゃんと言った時のように舌を上あごに付け、下に弾く前に、次の子音の準備をします。

> タイミングがつかめたら舌の動きを簡素化して、上あごに行かずにそのまま下に置いておきます。

　[t]を発音せず、そのぶんの間を置いて次の子音を発音します。
　[t]音に注意しながら次の3つの英文をCDで聞いてみましょう。

Le**t** me think about it.　（考えさせて）
　　↑[m]の準備

I**t** was good.　（よかったです）
　　↑[w]の準備

He migh**t** no**t** come.　（彼は来ないかもしれない）
　　[n]の準備↑　　　↑[k]の準備

2 文の最後の [t] で、その直前が母音の場合

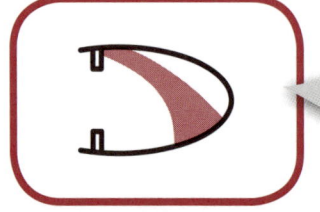

これも先ほどのパターンと同様に、タイミングがずれると何を言っているのかわからないので、[t] をちゃんと言った時のように舌を上あごに持っていって止め、弾き落とさないで終わります。

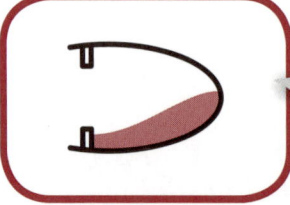

タイミングがつかめたら舌の動きを簡素化して、上あごに行かずにそのまま下に置いておきます。

[t] を発音せず、そのぶんの間を置いて次の文に移行します。
[t] 音に注意しながら次の3つの英文を CD で聞いてみましょう。

Where did he sit? （彼はどこに座ったの？）
I'm sorry about that. （それについては申し訳ありません）
I love my cat. （私は自分の猫を愛しています）

CHECK! まめちしき

[t] の1つ前の母音は、音を下げずにそのままの音程を保ちます。
音を下げずに保つことは、「次に音があるぞ」という合図のようなものなので、これができていないと、最後の単語の [t] を言わない際に通じないこともあります。
もしも自信がなかったら、無理矢理このテクニックを使わず、[t] の音を発音してももちろんOKです。
ただ、北米では、こういう言い方をする人が圧倒的に多いので、練習しておくとリスニングに役立ちますよ。

第2章　5 [t]音の変化！

Lesson 2　[t]の音を消してみよう 🎧CD59

舌を止めてから次へ！

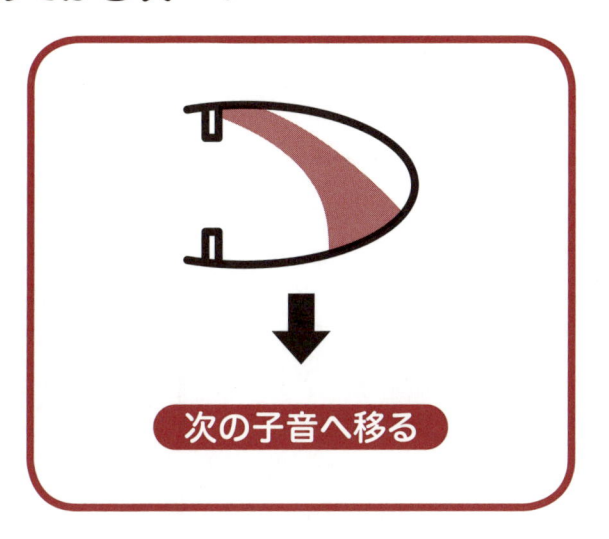

次の子音へ移る

練習 ▶ [t] は発音しないが、発音するつもりで
[t] の位置で舌を止め、次の子音の音に移る
少し詰まった感覚がわかったら、
[t] を発音するタイミングで、
次の子音の位置に舌を置き、同じように発音する

　[t] 音に注意しながら次の3つの英文をCDで聞き、まねをして言ってみましょう。

> Let me know.（私に教えて）
> You can't do it.（あなたにそれはできない）
> I'm sorry about that.（それについて申し訳ありません）

Lesson 3　[t]の音が変わる!?

[t] が [d] みたいな [l] みたいな音に…

　英文中で [t] の音が [d] や [l] が混ざったような音になることがあります。これは、t にアクセントがなく、次に続く母音が弱音の時に起こります。

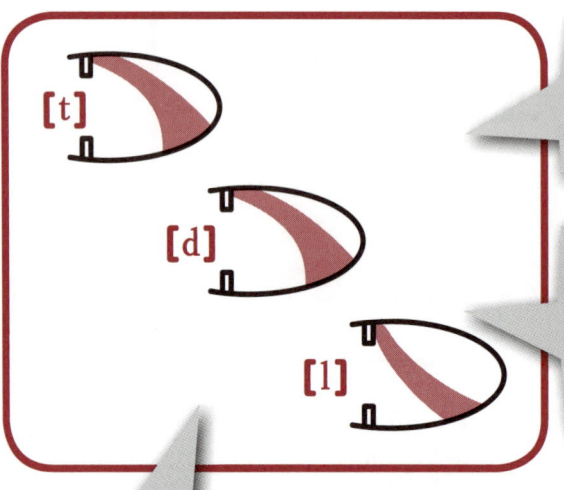

[t]

[d]

[l]

> 音を気にせずスピードも遅くしすぎず、あごを動かさないということだけに意識を集中させること！

> [d] は [t] よりも舌と上あごの接着面が少なくても出る音で、もっと早くなると舌先くらいしか上あごに付かないので、[l] に近づきます。

> 単語が続いてリンキングが起こる場合も、そのままのあごの位置でリンキングさせれば、すべての音が自然に変化します。

練習　あごの位置を鏡で見よう。
歯と歯の間を指１本程度開け、
そこであごを固定して [t] と発音！
舌をしっかり上あごに付ける時間がなく、
舌が上あごを滑るように通ればＯＫ！

a lot of （たくさんの）　　　get up （起き上がる）
think about it （それについて考える）

第2章 5 [t]音の変化！

Lesson 4　変わる[t]の音を練習！

CD 61

単語とセンテンスでどんどん実践！

[t]音に注意しながらCDを聞いて、下のような手順で練習しましょう。

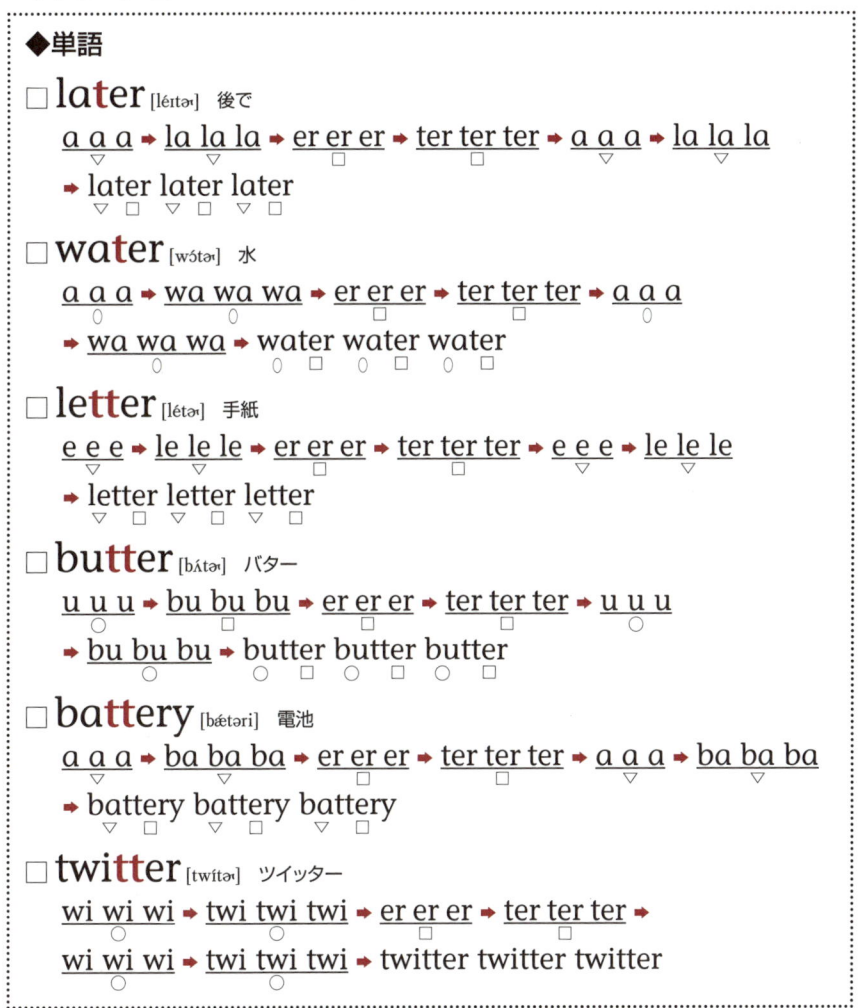

◆単語

☐ **later** [léɪtər]　後で
　a a a → la la la → er er er → ter ter ter → a a a → la la la
　→ later later later

☐ **water** [wɔ́tər]　水
　a a a → wa wa wa → er er er → ter ter ter → a a a
　→ wa wa wa → water water water

☐ **letter** [létər]　手紙
　e e e → le le le → er er er → ter ter ter → e e e → le le le
　→ letter letter letter

☐ **butter** [bʌ́tər]　バター
　u u u → bu bu bu → er er er → ter ter ter → u u u
　→ bu bu bu → butter butter butter

☐ **battery** [bǽtəri]　電池
　a a a → ba ba ba → er er er → ter ter ter → a a a → ba ba ba
　→ battery battery battery

☐ **twitter** [twítər]　ツイッター
　wi wi wi → twi twi twi → er er er → ter ter ter →
　wi wi wi → twi twi twi → twitter twitter twitter

> 単語の途中にあるttは、すべて音の変化が起こります。

◆英文・フレーズ

- What are you doing? （何をしているの？）
  つながる
- Do you understand what I'm saying?
  （私が言っていることがわかりますか）   つながる
- Eat a banana. （バナナを食べなさい）
  つながる
- What do you want to do? （何がしたいの？）
  つながる　　　　　つながる
- Would you say that again? （もう1度言ってくれる？）
  つながる
- a lot of （たくさんの）
  つながる
- sit down （座る）　　　　□ not at all （全然）
  つながる　　　　　　　　　　つながる

「[t] が消える」「[t] が変化する」の2つの現象が組み合わさって起こることもよくあります。CDを聞いて、まねをして言ってみましょう。

- Think about it. （それについて考えて）
  つながる　消える
- Get out. （出ていけ）　　　　□ Cut it out! （やめろ！）
  つながる　消える　　　　　　　　つながる　消える
- I got it. （わかりました）
  つながる　消える
- Get a hair cut. （髪を切りなさい）
  つながる　　消える
- I really appreciate it. （本当に感謝しています）
  つながる　消える
- Let's get it straight. （整理しよう）
  つながる　消える
- Put it in your pocket. （それをポケットに入れなさい）
  つながる　消える

第2章 5 [t]音の変化！

Lesson 5　特殊パターンを知る！

CD 64

例外的な [t] 音の変化もある！

tr と tw と nt というつづりで起こる [t] の音の変化があります。いくつかの単語を例にとって、練習していきましょう。

□ **tree** [trí]　木

1 ree ree ree　◎▽　◎▽　◎▽

> 口の形は、「突出しの口」と「力の口」の間のような形で始まり、止まることなく横の口へ。舌先は浮いた状態から下前歯の内側に移動

2 tree tree tree　◎▽　◎▽　◎▽

> **1**の動きのまま、[t] の音を最初に入れる
> 口の形は一切変えずに、[r] を出す口で [t] を出すので、口の形と舌の動きが限りなく [tʃ] 音と同じになり、「チュリー」のような音に変化する

□ **twin** [twín]　双子

1 wi wi wi　◎○　◎○　◎○

> 口の形は「突出し」から始まり、止まることなく「脱力」へ移行
> 舌先は下前歯の内側に付けたままにしておくこと

2 win win win　◎○　◎○　◎○

> wi の後ろに n を入れる。口の形はそのままで舌全体を上に上げる

3 twin twin twin　◎○　◎○　◎○

> **2**の動きのまま、[t] の音を最初に入れる
> 口の形は一切変えずに、[w] を出す口で [t] 音を出すので、口の形と舌の動きが限りなく [tʃ] と同じになり、「チュイン」のような音に変化する

□ center [séntɚ] 中心

❶ cen cen cen ▽ ▽ ▽

> e の音を出すときのあごの位置のまま n を入れる

❷ center center center ▽□ ▽□ ▽□

> そのあとの ter にはアクセントがないので、[t] を強く上あごに吸いつけないまま [ɚ] の音に入る。あごの位置は最後まで一定にたもつこと
> [t] で改めてたたく時間がなく、[n] は吸い付いている間に出す音なので、止まったような状態になり [t] が [n] の延長のようになる

□ train [tréɪn] 電車
❶ rain rain rain
❷ train train train

□ tweet [twít] さえずる
❶ wee wee wee
❷ weet weet weet
❸ tweet tweet tweet

□ Internet [íntɚnet] インターネット
❶ In In In
❷ Inter Inter Inter
❸ Internet Internet Internet

□ twenty [twénti] 20
❶ we we we
❷ twe twe twe
❸ twenty twenty twenty

☆ちなみにこれは、単語と単語のつながりでも起こります。

例　**rented it**　（この場合 [d] も前の [t] の変化につられて [n] になります）

Lesson 6　[t]音仕上げトレーニング

- mountain（山）
- certain（明白な）
- certainly（確かに）
- fountain（泉）
- It's a little train.（それは小さな列車です）
- Get up.（起きなさい）
- I got it.（わかりました）
- A parrot isn't quiet.（オウムは静かではない）
- Let's go out.（出かけよう）
- It was good.（それはよかったです）
- I didn't mean it.（そういう意味ではなかったです）
- Put them in it.（それらを中に入れて）
- What color is it?（それは何色？）
- Put the book away.（その本をしまって）
- get changed（着替える）
- forget my homework（宿題を忘れる）
- get good grades（いい成績をとる）
- I can't find my wallet.（財布を見つけられない）
- I don't wear a skirt.（私はスカートをはかない）

第2章を超速で復習！

1 音節とアクセントの基本
- 音節＝単語の中の、母音のまとまりの数
- アクセントがくる音節の正しい発音＋曖昧母音＝99％通じる発音

アクセントルール1 アクセントは隣の音節には並ばない
アクセントルール2 アクセントのない音節はいくらでも並ぶ

- フレーズは、1つの単語のようにひとつなぎで発音される

伝わる発音の4ステップ ❶アクセントのある音節に注目⇒❷その母音はどの口なのか掴む⇒❸（同じ口に音が複数ある場合）どの音か掴む⇒❹それ以外は曖昧に

2 リンキングの基本① 子音＋母音
- リンキングとは単語から単語へ音がつながる現象
- ゆっくりでも、つながる所をしっかりつなげば英語らしい発音になる
- 日本人は、子音＋母音のリンキングが得意である
- 子音に続く母音をていねいに発音しよう！

半母音のルール 半母音の後には必ず母音／伸ばすと母音 [ɚ] [i] [u] になる／母音 [ɚ] [i] [u] ＋母音は半母音が入ってリンキングする

3 リンキングの基本② 子音＋子音

コツ1 1つ目の単語の最後の子音を弱く⇒2つ目の単語の最初の子音を強く発音する
コツ2 1つ目の単語の最後が応用がきく子音の場合、次の子音の準備ができる！

4 弱音と消える音
- アクセントのない音は適当でいいし、極端な話、言わなくてもいい！
- アクセントのない音＝重要でない音＝弱い音は、脱力の口で曖昧に発音する
- アクセントのない音は、消した方が言いやすく通じやすいことも多い！
- 文の中で弱く読む単語がある！

5 [t] 音の変化

[t]の音が消える 単語の最後の [t] ＋子音／文末の [t] の直前が母音のとき
[t]の音が変わる アクセントなしの [t] ＋弱い母音＝ [t] が [d] や [l] のような音になる

第 3 章

ネイティブらしい発音のための4つのテクニック

1 文の中で強調するところ ……………… 104
2 イントネーション ……………………… 114
3 リズム …………………………………… 120
4 息つぎ …………………………………… 130

1 いよいよ英文に突入！
文の中で強調するところ

　ここからはいよいよ、文の中での英語の発音について学んでいきます。
　言葉は、自分の気持ちや考え、あるいは何かの状況を正確に相手に伝えるために使われます。ですから、文の中のすべての単語を均等に、平板に発音するより、重要な部分を強調して伝えたほうが効率的です。
　1つの文の中でポイントとなる言葉は、実はそんなに多くはありません。「何を相手に伝えたいか」を意識して発音すれば、メリハリのきいた、リズミカルな発音になるのです。

文の中、どこがポイント？

What time is it?

What **time** is it?

What time **is** it?

What time is **it**?

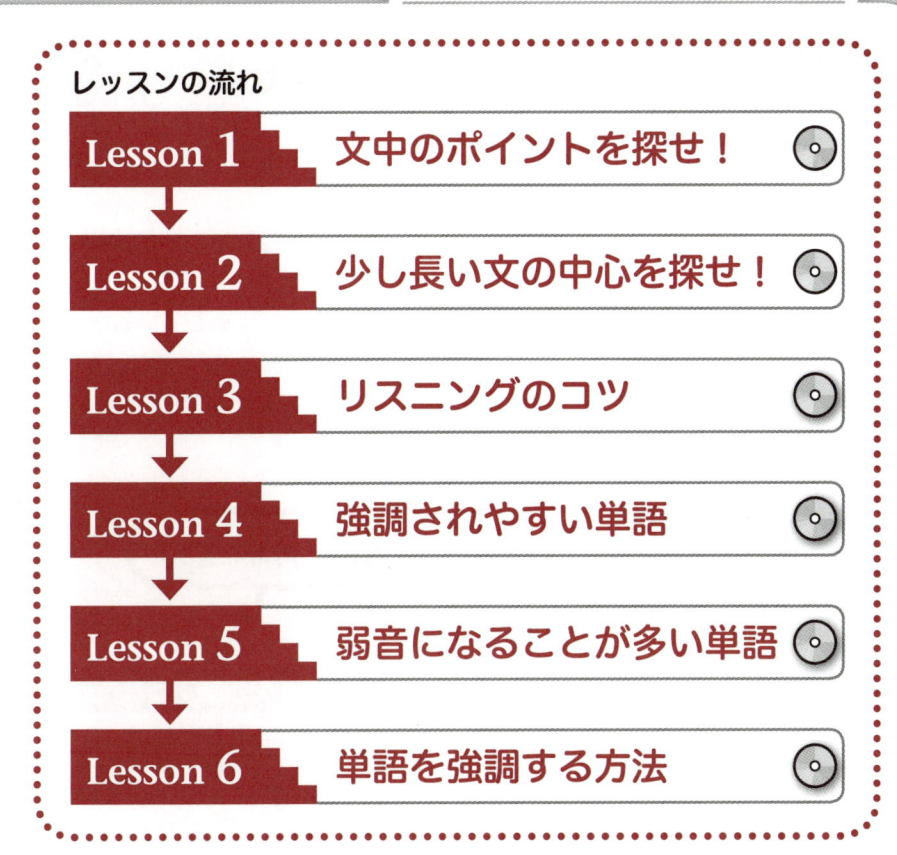

第3章　**1** 文の中で強調するところ

レッスンの流れ

Lesson 1	文中のポイントを探せ！
Lesson 2	少し長い文の中心を探せ！
Lesson 3	リスニングのコツ
Lesson 4	強調されやすい単語
Lesson 5	弱音になることが多い単語
Lesson 6	単語を強調する方法

Lesson 1　文中のポイントを探せ！

会話でも音読でも同じこと！

　会話でも、文を音読する場合も、文中でポイントとなる箇所を意識しながら読むと、文にリズムが生まれます。

　リズミカルに発音できるようになると、相手がどこを強調しているかに注目した聞き方ができるようになるので、リスニング力もアップします。

　まずは次の短い文で、「この単語が聞こえないと意味が成り立たない」と思う単語に印をつけてみましょう。

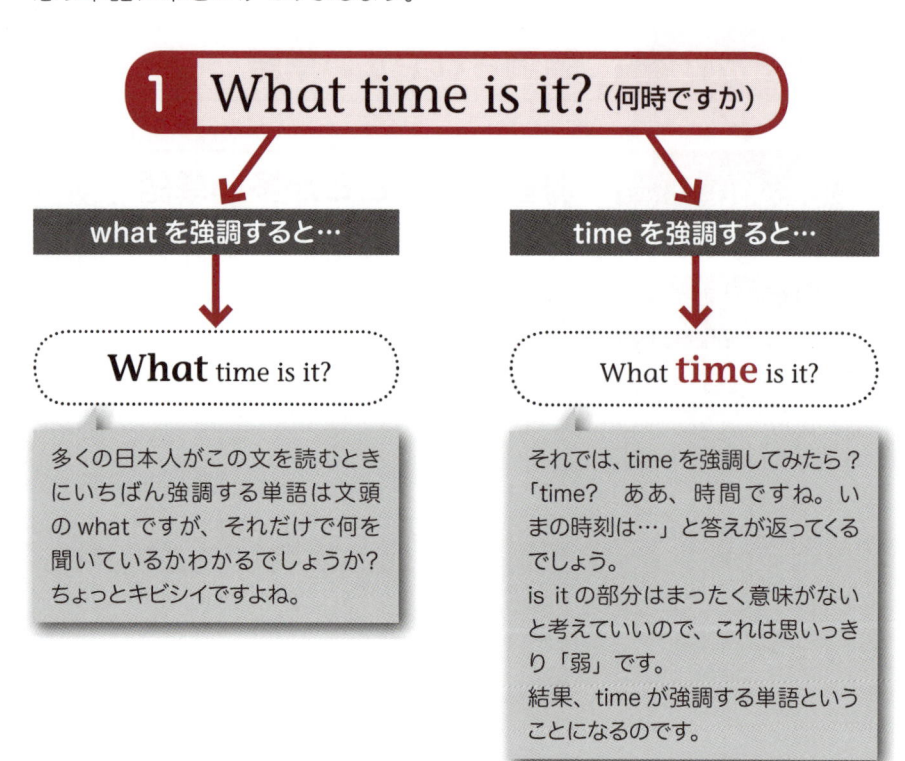

1　What time is it?（何時ですか）

what を強調すると…

What time is it?

多くの日本人がこの文を読むときにいちばん強調する単語は文頭の what ですが、それだけで何を聞いているかわかるでしょうか？ ちょっとキビシイですよね。

time を強調すると…

What **time** is it?

それでは、time を強調してみたら？「time?　ああ、時間ですね。いまの時刻は…」と答えが返ってくるでしょう。
is it の部分はまったく意味がないと考えていいので、これは思いっきり「弱」です。
結果、time が強調する単語ということになるのです。

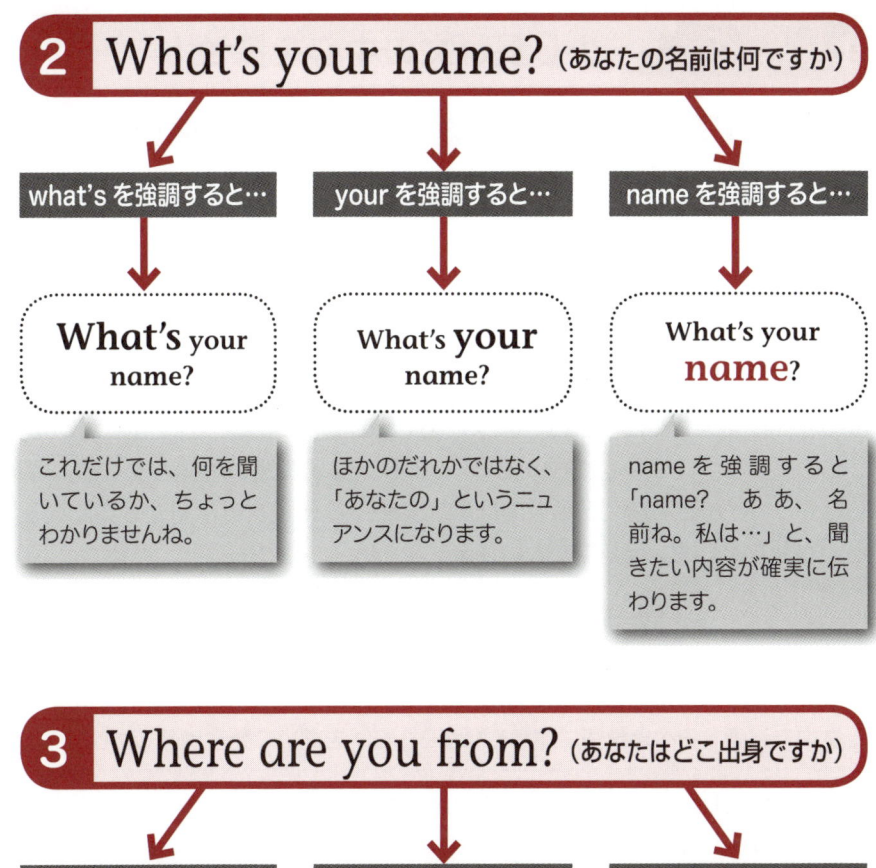

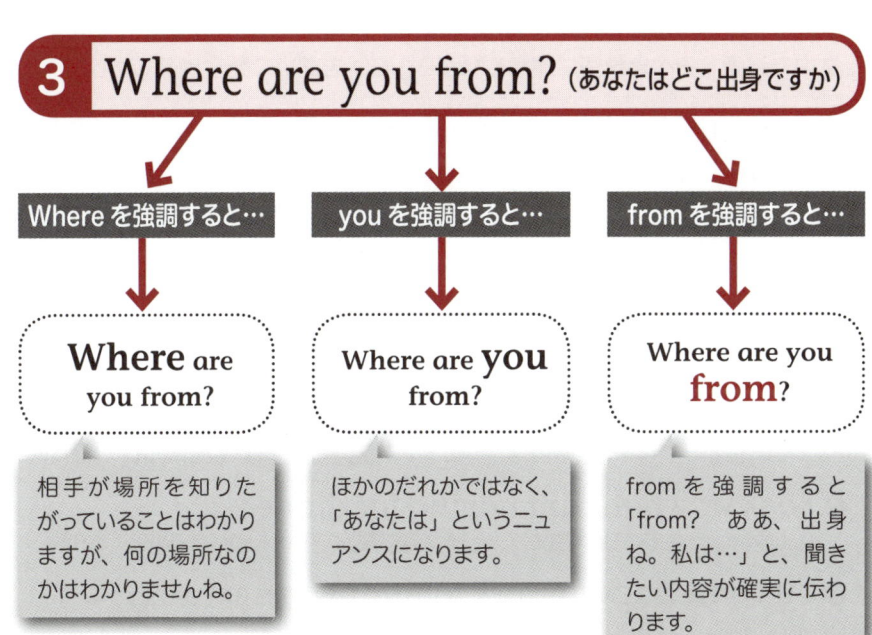

第3章 ❶ 文の中で強調するところ

❷ What's your name?（あなたの名前は何ですか）

what's を強調すると…

> **What's** your name?

これだけでは、何を聞いているか、ちょっとわかりませんね。

your を強調すると…

> What's **your** name?

ほかのだれかではなく、「あなたの」というニュアンスになります。

name を強調すると…

> What's your **name**?

name を強調すると「name? ああ、名前ね。私は…」と、聞きたい内容が確実に伝わります。

❸ Where are you from?（あなたはどこ出身ですか）

Where を強調すると…

> **Where** are you from?

相手が場所を知りたがっていることはわかりますが、何の場所なのかはわかりませんね。

you を強調すると…

> Where are **you** from?

ほかのだれかではなく、「あなたは」というニュアンスになります。

from を強調すると…

> Where are you **from**?

from を強調すると「from? ああ、出身ね。私は…」と、聞きたい内容が確実に伝わります。

Lesson 2　少し長い文の中心を探せ！

長くなっても中心となる語はさほど増えない

　たとえば電話でレストランの予約をするイメージで、I'd like to make a reservation for two tonight.（今夜、2名で予約したいのですが）と言うとき、強調したい単語はどれでしょう？

> I'd like to make a **reservation** for **two** tonight.
> （今夜、**2名**で**予約**したいのですが）

　このように、文が少しくらい長くなっても、強調したい単語が文の長さにしたがってどんどん増えるわけではありません。強調する単語が3つになると、かなり長いセンテンスだといえます。

話すときに強調する発音は、1センテンスに2～3語まで

☆文中で強調するべき単語に注意しながら、CDを聞いて発音練習しましょう。

❶ I am still looking for four more dining room chairs.（私はまだ居間用の椅子を4脚探している）
　ポイントとなる単語 → looking / four / chairs

❷ You also need to pay cash for most transactions.
（あなたほとんどの取引で現金払いする必要もある）
　ポイントとなる単語 → also / cash / transactions

❸ I think they are enjoying the sunny weather today.（彼らは今日の好天を楽しんでいると思います）
　ポイントとなる単語 → enjoying / sunny

❹ Look at what I am having for dinner.
（私が夕食に食べているものを見て）　ポイントとなる単語 → look / having / dinner

❺ I'll come back to work tomorrow.（明日仕事に戻ります）
　ポイントとなる単語 → back / tomorrow

第3章　**1** 文の中で強調するところ

Lesson 3　リスニングのコツ 〔CD 68〕

発音もリスニングも同じ！

　リスニングも発音と同様に、**一字一句逃さず聞く必要はない**のです。
　相手が強調したい２〜３の単語に注意を集中して聞けば、話のポイントをつかむことができます。こういう聞き方ができれば、**リスニングは飛躍的に上達**します。たとえば Doing nothing is doing ill.（何もしないのは悪事をはたらくのと同じ）ということわざを見てみましょう。

> Doing **nothing** is doing **ill**.
> （**何もしない**のは**悪事**をはたらくのと同じ）

この文の場合は、nothing と ill の２単語が**強調され、対比されています**。

☆文中で強調するべき単語に注意しながら、CD を聞いて発音練習しましょう。

❶ She is staying at that **hotel**.
　（彼女はあのホテルに滞在している）
　→「どこに滞在してるの」と聞かれたときに、「旅館やテントではなくホテルである」と答えたい場合は hotel を強調します。

❷ I **don't** know when to tell my **boss** about the **error**.
　（私はいつ上司にそのエラーについて話せばいいかわからない）
　→この文は「自分にはどうしたらいいかわからない」ということを強調しているので、いちばん強調される単語は don't です

❸ He was **managing** the store.
　（彼は店を切り盛りしているところだった）
　→彼がそのとき何をしていたかを、正確に伝えるため、managing を強調します。

❹ I saw him working at **Brooks Brothers** many years ago.
　（私は何年も前に、彼がブルックスブラザースで働いているところを見た）
　→固有名詞は通常、強調されます。

109

Lesson 4　強調されやすい単語

強調されやすい単語が、ある！

一般的に強調されやすい単語について、ここでまとめておきましょう。

名詞：[一般名詞] pen, car など
[固有名詞] Mark, New York など
I was born in **Osaka**. (私は**大阪**で生まれた)

動詞：go, come など
I **rent** this house. (私はこの家を**借りている**)

助動詞の独立形と否定形：Yes I will. や can't や don't など
Everybody **cannot** be a hero.
(だれもがヒーローになれるわけ**ではない**)

副詞：hard, well, soon など
She will be here **soon**. (彼女は**すぐ**ここに来ます)

数字・月・曜日：one, two, January, February, Sunday, Monday など
I will be **thirty** next birthday.
(次の誕生日で**30歳**になります)

疑問詞：what, where, when, which, how
How much all together? (全部で**いくら**ですか？)

※基本的に、いちばん強調されることはないが、だいたい2番目ぐらいに強調される。

第3章　❶ 文の中で強調するところ

Lesson 5　弱音になることが多い単語

弱く読まれやすい単語が、ある！

　一般的に文の中で「弱音」となり、場合によってはほとんど聞き取れなくなる単語について、まとめておきましょう。

冠詞 ： a, the など
　　　　Every room has <u>a</u> bathroom.
　　　　（すべての部屋にトイレがあります）

前置詞 ： in, on, under, at など
　　　　Take one <u>at</u> a time. （1度に1個ずつとりなさい）

接続詞 ： and, or など
　　　　Come <u>and</u> see me. （会いに来てね）

代名詞 ： he, she, it, that など
　　　　<u>She</u> is my sister. （彼女は私の姉［妹］です）

助動詞 ： can, may など
　　　　He <u>can</u> come to this party.
　　　　（彼はこのパーティーに来られる）

be 動詞 ： is, was など
　　　　She <u>is</u> good at English. （彼女は英語が得意です）

Lesson 6　単語を強調する方法

4つの方法でスッキリ解決

　1つの文の中には強調される2～3の単語があり、それ以外の単語はおざなりに発音されることは、ここまでで学びました。

　ここからは、具体的に**どんな点に注意して強調する単語を発音すればいいのか**を身につけていきます。

方法1》 長めに言う

強調する単語は省略形を使わない。
発音記号通りにすべての音をじっくり出し、
伸ばせる音は長くのばす。

例　Nice to meet you.
　　[**náɪ**s tə **mí**t ju]
　　　　　○▽　　　▽
　　　　強調する！　強調する！

方法2》 はっきり言う

第1章で学んだ「5つの口」のうち、
どの口で発音するのか意識して言う。

※（当然ながら）日本人が聞き取りやすいカタカナ英語音を出すという意味ではない。

方法3》 子音もしっかり発音する

強調は母音だけにつけるのではない。
同じ音節を構成する子音にもつく。

例　nice ➡ [**náɪ**s]　　meet ➡ [**mí**t]
　　　　　　　○▽　　　　　　　▽

第3章　1 文の中で強調するところ

方法 4》 高めに言う

（日本語同様）強調する部分を高く言う。

※ただし英語の場合は低めでも強調できるということも覚えておこう。

☆それではここまでで学習したことを踏まえて、実際の英文で強調する部分を意識しながら英文を聞いて、言ってみましょう。

❶ What do you want to **eat** for **dinner** tonight?
（今夜の夕食何食べたい？）

❷ I feel like eating **Japanese** food.
（日本食が食べたいな）

❸ Do you **know** any good Japanese **recipes**?
（何かいい日本食のレシピ知ってる？）

❹ My **favorite** Japanese dish is **okonomiyaki**,
（日本食ならお好み焼きが大好き）

　but **unfortunately** I **don't** know how to **cook** it.
（だけど作り方がわからない）

❺ I **do** know how to make **omuraisu** though.
（オムライスなら作り方わかるけど）

❻ It's **one** of my **favorites**!
（それ、私大好きだ）

❼ **Great**, let's have **omuraisu**!
（いいね、じゃあオムライスを食べよう！）

※英文中に日本語を入れる場合、後ろから2番目の音節にアクセントを入れるとリズムよく言え、聞きとってもらいやすい（omuraisu なら rai）。

2 いよいよ英文に突入！
イントネーション

　前のレッスンでは、思いや考えを伝えるためには強弱が重要で、そのコントラストは、ゆっくり言う単語と早くあいまいに言う単語の対比から生まれることを学びました。

　今回は、自分の思いや考えを相手に正確に伝えるための2つ目のポイント、すなわちイントネーションについて見ていきましょう。イントネーションとは「音の上げ下げ」のことで、「抑揚」と訳される場合もあります。

　英語独特のイントネーションをつけながら話すと、文意が通じやすくなりますし、聞く側からすると、意味がすんなり伝わってくるので「聞いていて疲れない」という利点もあるのです。

レッスンの流れ

- Lesson 1　脱・日本人発音
- Lesson 2　ネイティブっぽいイントネーションのコツ

第3章 ❷イントネーション

Lesson 1 　脱・日本人発音

CD 72

イントネーションでスッキリ解決！

　イントネーションをつけることにより、「日本人っぽい発音」を脱することができます。
　イントネーションには次の2種類があります。

> ①文の意味が変わるイントネーション
> ②意味には影響しないが
> 　ネイティブっぽく聞こえるイントネーション

文の意味が変わるイントネーション

　たとえば、You are a student, **aren't you?** という英文は、文の最後を上げ調子でいう場合と下げ調子でいう場合では**意味が少し違ってきます**。上げ調子の時は、**質問の気持ち**が加わり、下げ調子の時は、**念を押す気持ち**になります。
　それではさっそく、実際の英文を使ってイントネーションの練習をしましょう。

ニュアンスの差に注目！

You are a student, aren't you? ↗
（あなたは生徒ですね、そうでしょ？）

You are a student, aren't you? ↘
（あなたは生徒ですよね、そうだよね？）

❶ What do you want to eat for dinner tonight?
（今夜の夕食何食べたい？）

❷ I feel like eating Japanese food. （日本食が食べたいな）

❸ Do you know any good Japanese recipes?
（何かいい日本食のレシピ知ってる？）

❹ My favorite Japanese dish is okonomiyaki,
（日本食ならお好み焼きが大好き）

but unfortunately I don't know how to cook it.
（だけど作り方がわからない）

❺ I do know how to make omuraisu though.
（オムライスなら作り方わかるけど）

❻ It's one of my favorites! （それ、私大好きだ）

❼ Great, let's have omuraisu! （いいね、じゃあオムライスを食べよう！）

Lesson 2　ネイティブっぽいイントネーションのコツ 🎧CD 73

6つの重要ポイントでしっかりわかる！

CDで聞き比べてみましょう。

1　単語毎に音程を下げない。

たとえば、主語の最後で音を下げないようにしましょう。

例　「彼は私の息子です」

He is my son.　➡ 良い例

He is my son.　➡ 良くない例

2　接続詞のあとで止めたり、音を下げたりしない。

たとえば、that の後で止めないようにしましょう。

例　「あなたが正しいと思います」

I think / that you are right.　➡ 良い例
I think that / you are right.　➡ 良くない例

3　疑問詞（5W1H）の音を高くしすぎない。

基本的には、疑問詞にはアクセントを1番には置きません。
疑問詞にアクセントを置く場合は、もっと大切な語が文の後ろのほうに来ることを意識して発音しましょう。

例　「あなたの名前は何ですか」

What's your name?　➡ 良い例

What's your name?　➡ 良くない例

4 訴えたいとき、怒っているときなどは各単語の最後を下げる。

例文を聞いて、ふつうの文の場合との違いを聞いてください。

例 「私はこの騒音にこれ以上我慢できない」

I can't stand this noise any more. ➡ ふつう

I can't stand this noise any more. ➡ 怒っている

5 疑問文は、文尾に向かって上げる。

文末だけを上げるのではなく、文末に向けて次第に上げるようにしましょう。

例 「何かお手伝いしましょうか」

Can I do anything to help? ➡ 良い例

Can I do anything to help? ➡ 良くない例

6 文の途中である単語の語尾だけ上げるのは、文に続きがある場合。

次の文で、relax がどのように発音されるか確認してください。話が続くときは、カンマがあっても完全に下げないで、同じ音程を保ったままにします。

例 「お酒を飲んでリラックスし始めたら、帰宅や勉強するのはいやだね」

Once I start drinking and relax, I won't want to go home and study. ➡ 良い例

Once I start drinking and relax, I won't want to go home and study. ➡ 良くない例

第3章 ❷イントネーション

　このようなイントネーションは、**続きがあることのキュー**でもあるので、討論などで、他の人に邪魔されずに言いたいことを話し続けることができます。それでも途中で割りこんでくる人には、"I'm still talking"（まだ話の途中です）と言って話を続ければよいのです。

まとめ

　イントネーションには、文意が変わってしまうイントネーションと、ネイティブっぽく聞こえ、伝えたいことが伝わりやすくなるイントネーションがあります。

　日本人は、文の途中で切れ目を入れたり、そこで音を下げたりしてしまうことが多いのですが、このような話し方は文意が伝わりにくくなると同時に、本当の文の切れ目（ピリオドのところ）がわかりにくくなってしまいます。最悪の場合、文の途中で割り込まれてしまうかもしれないので、気をつけましょう。

　逆に言えば、イントネーションは、文がどこまで続くかの予告もできるということですね。

　疑問文の場合は、疑問詞で始まる文と一般疑問文、そして付加疑問文などとイントネーションのつけ方に違いがありますが、いずれにしても、細かくアップダウンをするよりも、一定の音程内で徐々に変化していくのが英語らしい緩急のつけ方になり、伝わりやすくなります。

3 手をたたいて身につけよう！
リズム

　自分の思いや考えを英語でしっかり伝えるための発音方法として、強調（メリハリ）、イントネーション（抑揚）について学びました。どの単語を強調するか、どのように音を上げ下げすると文意が伝わりやすくなるかを説明してきました。

　ここからはさらに話を進め、文全体に視野を広げます。すなわち、リズムです。

　通常１つの文の中には２〜３個の強調したい単語、相手にしっかり伝えたい単語があるのでした。今回は、それらの強調すべき単語を**一定のリズムに乗って発音する**と、ますます聞き手にキャッチされやすくなる、ということを学んでいきます。

どっちがリズム良し？

I take my own bag to the gorcery store.

I **take** my own **bag** to the **grocery** store.

第3章 ❸ リズム

レッスンの流れ

Lesson 1	脱・機関銃リズム！
Lesson 2	文の長さは関係なし！
Lesson 3	もっと練習しよう！
Lesson 4	応用練習にチャレンジ！

Lesson 1　脱・機関銃リズム！

日本人特有のテンポを克服！

　よく日本人の英語の発音は、「機関銃のようだ」と言われます。メリハリがなく、同じテンポで「ダダダダダ」と話してしまうからです。この"機関銃発音"を脱すると、ネイティブの英語に一気に近づきます。そのカギを握るのが、今回のリズム・トレーニングです。

　イメージ的には、「ダダ**ダー**ダダ**ダー**ダダ**ダー**」という感じで、一定のリズムで波が来るように発音するのです。

　まずは、強調する音のところで優雅に手をたたきながら、リズムを身につけていきます。

STEP 1	文の中で強調すべき重要な単語を探す
STEP 2	その単語の中でアクセントのある音節に印をつける
STEP 3	その単語を読みながら、印をつけたところで手をたたく（等間隔でゆっくりとリズムをとる）
STEP 4	何度も繰り返す
STEP 5	リズムを崩さずに文全体を発音する（重要な単語以外は適当でOK。とにかくリズム重視で）

第3章 ❸ リズム

☆それでは、I take my own bag to the grocery store.（私は自分のかばんを食料品店に持っていく）という英文を使って、リズム・トレーニングをしましょう。

❶ I **take** my own **bag** to the **gro**cery store.
   → 重要な単語は take と bag と grocery の3つ

❷ **ta**ke, **ba**g, **gro**cery
   → 赤字部分がアクセントのあるところ

❸ **ta**ke, **ba**g, **gro**cery
   → 赤字部分で等間隔に手をたたきながら、3つの単語を言う

❹ **ta**ke, **ba**g, **gro**cery
   → きれいな発音で言うことだけを考えて！

❺ I **take** my own **bag** to the **gro**cery store.
   I **take** my own **bag** to the **gro**cery store.
   I **take** my own **bag** to the **gro**cery store.
   → 手をたたくリズムを崩さないで！ 重要でない単語は適当でOK！

これが英語のリズムです。

　文の頭からすべての単語を順番に言う練習をしていては、何回読んでもリズムは出来上がりません。先にリズムありきです！

Lesson 2　文の長さは関係なし！

短い文でもあなどるなかれ！

　英文が長くても短くても、レッスン1で学んだリズムの基本は変わりません。強調する単語の数によって、手をたたく回数が変わるだけなのです。

☆ Get out.（出て行け）と It's been almost ten years since I came back from the state.（合衆国から戻って約10年になります）という、長さの違う2つの英文を使って、リズム・トレーニングをしましょう。

---

❶ Get **out**.
　➡ 重要な単語は out

❷ **out**
　➡ 赤字部分がアクセントのあるところ

❸ **out, out, out, out, out**
　➡ 赤字部分で手をたたきながら、単語を言う

❹ Get **out**.

　Get **out**.

　Get **out**.
　➡ 手をたたくリズムを崩さないで！

---

❶ It's been almost **ten** years since I came **back** from the **state**.　➡ 重要な単語は ten と back と state の3つ

❷ **ten, back, state**
　➡ 赤字部分がアクセントのあるところ

❸ **ten, back, state**
　➡ 赤字部分で等間隔に手をたたきながら、3つの単語を言う

❹ **ten, back, state**
　➡ きれいな発音で言うことだけを考えて！

❺ It's been almost **ten** years since I came **back** from the **state**.

It's been almost **ten** years since I came **back** from the **state**.

It's been almost **ten** years since I came **back** from the **state**.

➡ 手をたたくリズムを崩さないで！　重要でない単語は適当でOK！

➡ ten years, came back, the state は2単語で1つの意味です。たとえばten years は ten も years も強く言いますが、意味の核となる ten をより強く発音します。years のところも、まったくアクセントがない単語よりは少し強くなりますので、アクセントのある／なしは、必ずしも2つにはっきり分かれるわけではないのです

CHECK! まめちしき

　強く言いたい単語は、同じ文でも意味によって違いますので、答えは1つではありません（極端に言うと、冠詞や前置詞を強く言うこともあります）。この、「意味によって強くする単語が変わる」という現象については、最後の「応用練習」でもう一度触れます。
　また、「日常会話ほどリズムはさまざまに変わる」ということを覚えておきましょう。たとえ同じ文でも、シチュエーションなどによっては、話す人が強調したい部分は変わってきますから。

Lesson 3　もっと練習しよう！

5ステップトレーニングに挑戦！

　ここからは、次の5つのステップでリズム・トレーニングをしていきましょう。

STEP 1 重要な単語をゆっくりしっかり発音し、アクセントが来る音節で手を叩く。それ以外の単語は発音を気にせず、拍手と拍手の間に入れこむ。

STEP 2 重要な単語のアクセントのある母音がどの音なのかはっきりさせる。

STEP 3 重要な単語のアクセントのある子音を強く発音する。

STEP 4 重要な単語と単語の感覚を狭くして、リズムに乗って発声する。

STEP 5 仕上げは感情をこめて。これによって自然なトーンになる！

第3章 ❸ リズム

☆英文を使ってリズム練習しましょう。赤い文字のところで手をたたきます。

❶ What do you wanna **eat** for **din**ner tonight?
（今夜の夕食何食べたい？）

❷ I feel like eating Japa**nese** food. （日本食が食べたいな）

❸ Do you **kno**w any good Japanese **re**cipes?
（何かいい日本食のレシピ知ってる？）

❹ My **fa**vorite Japanese dish is **okonomiyaki**,
（日本食ならお好み焼きが大好き）

but un**for**tunately I **don**'t know how to **cook** it.
（だけど作り方がわからない）

❺ I **do** know how to make **omuraisu** though.
（オムライスなら作り方わかるけど）

❻ It's **one** of my **fa**vorites! （それ、私大好きだ）

❼ **Great**, let's have **omuraisu**!
（いいね、じゃあオムライスを食べよう！）

❽ **Wh**ere is the **re**st room? （お手洗いはどこですか）

❾ Please **spea**k more **slow**ly. （もっとゆっくり話してください）

❿ I'd like to have **din**ner with my **fa**mily before **seven**.
（私は7時までに家族と夕食を食べたい）

⓫ You could **call** her up and **ta**lk to her **now**.
（今彼女に電話して話せますよ）

Lesson 4　応用練習にチャレンジ！

アクセントとリズムでニュアンスを表現

　文の中で強く読む部分やリズムを変えることで、**意味やニュアンスにバリエーションをもたせる**ことができます。まずは、Please speak more slowly.（もっとゆっくり話してください）という文を使って、見ていきましょう。

> パターンA　Please **speak** more **slowly**.
> パターンB　**Please** speak **more** slowly.

　パターンAの発音で、Please **speak** more **slowly**. とお願いをしたのに、相手の言うことがやはり聞き取れなかった場合、今度はパターンBのように、**Please** と **more** にアクセントをおいてこのセンテンスを言います。そうすると、「申し訳ないですが、もう少しだけゆっくりお願いします」というニュアンスになるのです。

　このように、状況に応じて強く言う単語を変えて発音することで、**同じ文でもニュアンスに変化**をもたせることができます。

　これをせずに、2回目も最初と同じアクセントで言ってしまうと、相手の人は、「さっき言われたから、ゆっくり話しているのに…」と、不愉快に感じてしまう可能性があります。

まとめ

　ここまで、**「強調→イントネーション→リズム」**という3ステップで、英語らしい発音の仕方を練習してきました。

　日本人の発音は、どこを強調するかが不明確で、イントネーションがなく、強弱のリズムがないので、聞き手にとっては、とても単調でリズムが悪く感じられてしまうのです。

　強調したい単語のアクセントがあるところで手をたたくことと、手をたたくタイミングが一定の間隔であること、この2つをマスターするのは簡単ではありません。しかし、何度も練習をしてこれを身につければ、あなたの英語は見違えるように通じやすくなります。

4 「なるべくしない」が原則！
息つぎ

　英文は、原則として一息で言い切りますが、文が長くなった場合や意味の切れ目があるときには、途中で切れ目を入れて「息つぎ」をします。
　どこで切っていいかわからいときは、なるべく息つぎをしないで、一息で読んでしまいましょう。

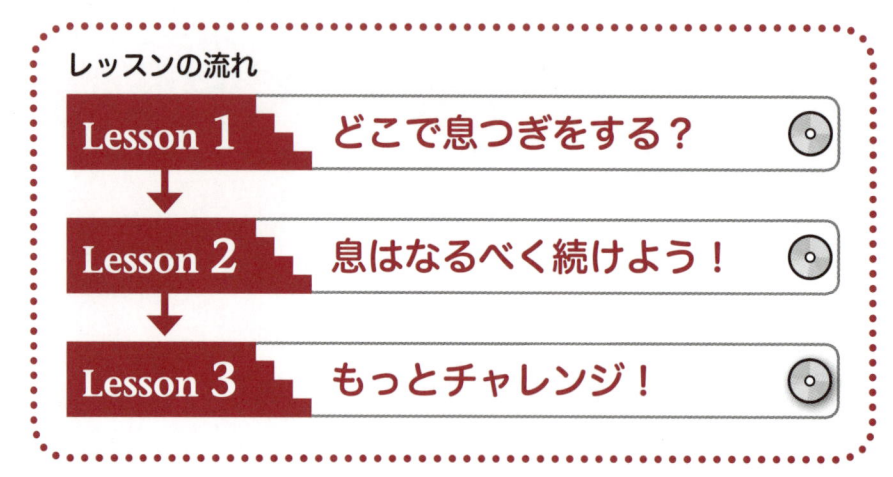

レッスンの流れ

- Lesson 1　どこで息つぎをする？
- Lesson 2　息はなるべく続けよう！
- Lesson 3　もっとチャレンジ！

Lesson 1　どこで息つぎをする？

基本をおさえ、無理せずに

息つぎの基本は次の3点です。

> ①カンマやピリオドの後
> ②文の接続に使う where, what, that の前
> ③ and や or などの前

ただし、息が続かない時や、文の意味がどうしてもおかしくなる時以外は、無理して息つぎをする**必要はありません**。そして、②や③の単語の後で息つぎをすると、逆におかしくなってしまうということも、覚えておきましょう。

たとえば、I think **that** he got it wrong.（私は、彼は間違っていると思う）と、Do you understand **what** I'm saying?（私の言っていることわかりますか）という英文について考えてみましょう。

○ 良い切り方　I think / **that he** got it wrong.
　　　　　　　Do you understand / **what I**'m saying?

× 良くない切り方　I think **that** / he got it wrong.
　　　　　　　　 Do you understand **what** / I'm saying?

---

that の前と what の前に切れ目を入れるのがいいですね。もちろん、どちらも短い文ですから、無理に入れる必要はありません。頭の中で、「意味の区切りを入れるならここ!」と考えてください。

また、こうするとリンキングも自然に入ります。マーカーのところがそうですね。

Lesson 2　息はなるべく続けよう！

「迷ったらしない」が鉄則

大切なことがもう1点。

迷うようなら、息つぎはしないでください！

息が続くほど、リンキングも自然に入る上に、リズムも乱れません。

> 思っているよりも息は続くものです。言葉の間に切れ目を入れやすい日本語に慣れていると、息が続くとか続かないとかよりも、ついつい英語でも切ってしまうのが習慣になっているようです。**英語は構造（語順）がはっきりした言語なので**、不用意にブツブツ切ると構造が見えにくくなり、その**結果伝わりにくくなってしまうのです。**

次の英文を、息つぎなしで読んでみましょう。短い文からじょじょに長い文に挑戦です。長い文は、途中で息つぎせずにどこまで続けて読めるか**チャレンジ**してください。最初は知らない単語で引っかかるかもしれないので、何度かやってみましょう。

1　I have not failed. / I've just found 10,000 ways / that won't work.

　　　　　　　　　　　　　　　　　　　　　　　　—*Thomas Edison*

私は失敗したことがない。うまくいかない1万の方法を見つけただけだ。
　　　　　　　　　　　　　　　　　　　　　　　－トーマス・エジソン

2　It is our choices, / Harry, / that show what we truly are, / far more than our abilities.

　　　　　　　　　　　　　—*Albus Dumbledore*, Harry Potter

ハリー、自分が本当に何者かを示すのは能力などではなく、自分がどのような選択をするかということなんだよ。
　　　　　　　　　　　　　－アルバス・ダンブルドア『ハリー・ポッター』

第3章 4 息つぎ

3 Four score and seven years ago our fathers brought forth on this continent a new nation, / conceived in liberty and dedicated to the proposition / that "all men are created equal." / Government of the people, / by the people, / for the people shall not perish from the Earth.

—*Abraham Lincoln*, *Gettysburg Address*

4世代と7年前、われわれの祖先たちはこの大陸にやってきて自由を望み、すべての人は平等であるという命題を掲げた新しい国を作りました。
人民の、人民による、人民のための政治は、決して地球から消滅してはなりません。
－アブラハム・リンカーン　ゲティスバーグの演説

4 "You have plenty of courage, / I am sure," / answered Oz. / "All you need is confidence in yourself. / There is no living thing / that is not afraid when it faces danger. / The true courage is in facing danger / when you are afraid, / and that kind of courage you have in plenty." /

—*L. Frank Baum*, *The Wonderful Wizard of Oz*

「きみはすごく勇気があるじゃないか」オズは答えた。「きみに必要なのは自信だけだよ。危険に直面したとき、恐れない生き物はいないよ。本当の勇気とは、恐れていても危険に立ち向かうことで、その種の勇気をきみは持っているんだよ」
－ライマン・フランク・ボーム『オズの魔法使い』

　どうでしたか？　最初から全文を一息に読むのは難しいかもしれませんが、何度も練習して、なるべく一息で読めるように頑張ってください。
　この文が一息で読めるようになった人は、すでに「英語の息つぎ」ができあがっているかもしれません。リンキングは、息を続かせるための工夫でもあるのです。できるようになってくると、今までよりも「,」での休憩時間が短く、音の下がりも少なくなり、スピードが速くなると思います。ただし、くれぐれも一本調子にならないように！！

Lesson 3 　もっとチャレンジ！

さらに長い文章と間の取り方

　それでは、さらに長い文章を、同じように息つぎなしで読んでみましょう。棒読みではなく、できるだけリズムをつけてください。

1　And so, / my fellow Americans, / ask not what your country can do for you; / ask what you can do for your country. /
My fellow citizens of the world, / ask not what America will do for you, / but what together / we can do for the freedom of man. /

　　　　　　　　　—*John F. Kennedy*, *Inaugural Address*

そして、同胞であるアメリカ市民の皆さん、国があなたのために何をしてくれるかではなく、あなたが国のために何ができるかを考えようではありませんか。
また同胞である世界市民の皆さん、アメリカがあなたのために何をしてくれるかではなく、人類の自由のために共に何ができるかを考えようではありませんか。

　　　　　　　　　－ジョン・F・ケネディ　大統領就任演説

2　Reformers look forward to a time / when efficient social organization and perfected machinery will do away with the necessity for severe and prolonged labour, / making possible for all men and women an amount of leisure / such as is enjoyed at the present day only by a privileged few. /
Nobody, / in that golden age, / will need to work more than four or five hours a day. / The rest of every man's time will be his own, / to do with whatsoever he likes.

第3章 ④ 息つぎ

改革者たちは、効率的な社会組織や完成された機械が、厳しい長時間労働の必要性をなくし、今日特権のある少数の人々のみに享受されているような余暇が、すべての人々に可能になる時代を待ちわびている。
その黄金の時代には、だれも1日に4～5時間以上働く必要はなくなるだろう。みんなの残り時間は、好きなことをしてすごす自分の時間になるだろう。

3 I have a dream / that my four little children will one day live in a nation / where they will not be judged by the color of their skin but by the content of their character. /
(Let freedom ring) And when this happens, / and when we allow freedom ring, / when we let it ring from every village and every hamlet, / from every state and every city, / we will be able to speed up that day when all of God's children, / black men and white men, / Jews and Gentiles, / Protestants and Catholics, / will be able to join hands and sing in the words of the old Negro spiritual: / *Free at last! / Free at last! / Thank God Almighty, / we are free at last!* /

—Martin Luther King, Jr., "I Have a Dream"

私には夢がある。私の4人の幼い子供たちが、いつの日か、肌の色ではなく人格で評価される国に暮らすようになるという夢が。
そしてそれが実現したとき、そしてわれわれが自由の鐘を鳴らすことを許されたとき、そのときにはすべての村々で、すべての集落で、すべての州、すべての街で、神の子となったすべてのものたちが、黒人も白人もユダヤ人も異邦人もプロテスタントもカトリックも、すべての者たちが手をつなぎ、古い黒人霊歌を口ずさむようになるだろう。「ついに自由になった！ 自由になった！ 全能の神に感謝せよ。われわれはついに自由になったのだ」

—マーティン・ルーサー・キング・ジュニア　私には夢がある

ここで**「間のとり方」**も、ついでにお話ししておきましょう。
　わかりやすく言うと、**ピリオドのあとの間を、日本語の「。」の間よりも短めに**した方が英語らしくなります。
　この間が長すぎたり、音が下がったりすると、よほどのテクニックがない限り、聴きづらい英語になってしまいますので注意しましょう。

まとめ

　日本語は、語順がしっかりと決まっていません。したがって、個々の言葉の独立性が高く、言葉ごとに切れ目を入れても十分通じます。「今日、太郎は、マクドナルドで、ハンバーガーを、食べた」のように。
　しかし、英語は構造（語順）が固定された言語なので、一定の速さで読んだほうが文の構造が伝わりやすくなります。とくに、接続詞、疑問詞などの「つなぎ言葉」のあとで切れ目を入れると、聞き手には理解しにくくなります。
　Lesson 2～3の英文を使って、息つぎの練習を繰り返してください。できれば50回繰り返して、そらで言えるくらいになりましょう。
　本書では、単語（第1章）、フレーズ（第2章）、文章（第3章）と、次第に大きなかたまりで英語の発音をとらえる練習をしてきました。
　不必要な息つぎを入れずに、英文を一気に、しかもメリハリを失わずに言えるようになれば、英語の発音練習は完成です。
　ここまで熱心に練習を続けていただき、ありがとうございました！

第3章を超速で復習！

1 文の中で強調するところ

- 会話でも音読でも、まずは文の中心を探す＝文にリズムが生まれる＝耳の力もアップ
- 長い文でも中心となる語はさほど増えない。2〜3語まで
- 聞く場合も、相手が強調したい2〜3語に集中して聞けばOK！

強調されやすい語 名詞・動詞・助動詞（独立形と否定形）・副詞・数字・月・曜日・（疑問詞）

弱くなりがちな語 冠詞・前置詞・接続詞・代名詞・助動詞・be動詞

強調するノウハウ ❶長めに言う ❷はっきり言う ❸子音もしっかり ❹高めに言うそれ以外は曖昧に

2 イントネーション

2種類のイントネーション
- ❶文意が変わるもの
- ❷変わらないがネイティブっぽさがアップするもの

コツ1 単語ごとに音程を下げない
コツ2 接続詞の後で音を止めない、下げない
コツ3 疑問詞の音を高くしすぎない
コツ4 訴える・怒るときは各単語の最後を下げる
コツ5 疑問文は文末に向かって上げる
コツ6 文中で、ある単語の語尾だけ上げるのは、文に続きがある場合

3 リズム

リズムレッスン 文中で強調すべき単語を探す
⇒アクセントがある音節にマーク
⇒その単語を読みながら等間隔で手をたたく
⇒何度も繰り返す
⇒リズムを崩さず文全体を発音する

- アクセントとリズムでニュアンスを表現することができる！

4 息つぎ

息つぎの基本 ❶カンマやピリオドの後 ❷文の接続に使う where, what, that の前 ❸ and や or の前

- 鉄則は「迷ったらしないこと」！

総仕上げ練習コーナー

CDをお手本に、いろいろな英文素材を使って、1〜3章で学んだことを復習してみましょう。

CD 81

Good morning ladies and gentlemen.

Welcome on board ANA Flight 8 for San Francisco.

Our flight time to San Francisco is 9 hours and 50 minutes.

According to the latest weather report, it is cloudy in San Francisco, and the temperature is 19 degrees Celsius.

The captain in command of this flight is (Nakanishi), and the chief purser is (Hareyama).

Please let us know if you need any assistance, and we hope you will enjoy the flight with us.

Thank you.

　みなさま、おはようございます。
　ANA 航空8便、サンフランシスコ行きにご搭乗いただき、誠にありがとうございます。
　サンフランシスコまでの飛行時間は、9時間50分を予定しております。
　最新の天気予報によりますと、サンフランシスコの天候は曇り、気温は摂氏19度でございます。
　機長は中西、そしてチーフパーサーは晴山でございます。
　ご用の際はお気軽に声をおかけください。そしてごゆっくりと空の旅をお楽しみください。
　ありがとうございます。

CD 82

Ladies and Gentlemen,

We are making our final approach.

Please fasten your seatbelt and return your seat and table to the upright position.

Please refrain from using electronic devices until after you have left the aircraft.

Thank you.

みなさま。
まもなく当機は着陸体制に入ります。
座席の背とテーブルを元の位置にお戻しになり、シートベルトをしっかりとおしめ下さい。
飛行機を降りるまでは、電子機器の使用をお控え下さい。
ありがとうございます。

CD 83

I pledge allegiance to the Flag of the United States of America, and to the Republic for which it stands, one Nation under God, indivisible, with liberty and justice for all.

— *Pledge of Allegiance*

私はアメリカ合衆国国旗と、それが象徴する万民のための自由と正義を備えた、神の下の分割すべからざる一国家である共和国に、忠誠を誓います。

—忠誠の誓い

A: It's a beautiful day outside. Let's go to the beach.

B: Yea, that sounds like a good plan. Which beach do you want to go to?

A: It depends on what we want to do. What do you want to do?

B: I want to surf, but the waves are small today. How about we play beach volleyball?

A: Sure. Manhattan Beach has lots of beach volleyball courts.

B: Alright, let's go there.

A: 外はいい天気だね。ビーチへこうよ。
B: うん、いい考え。どのビーチに行きたい？
A: 何をやるかによるよね。何やりたい？
B: サーフィンやりたいけど、今日は波が小さいね。ビーチバレーはどう？
A: いいね。マンハッタンビーチには、ビーチバレーのコートがたくさんあるよ。
B: よっしゃ、じゃあ行こう！

総仕上げ練習コーナー

A: We're out of milk!

B: Oh no! Let's go to the grocery store. Do we need anything else?

A: Yes, let's get some ground beef and buns for the barbecue (BBQ).

B: What's the occasion?

A: It's for my coworker. He's leaving the company, so we're having a farewell party. Can you make it?

B: Yes, sounds like fun!

A: ミルクが切れた！
B: そりゃ困る！　食料品店へ行こう。何か他に必要なものは？
A: あるよ、バーベキュー用の牛ひき肉とロールパンがいるんだ。
B: 何かあるの？
A: 同僚のためだよ。彼が会社を辞めるから、送別会をやるんだ。出席できる？
B: ああ、楽しそうだね。

A: How are the wedding plans coming along?

B: Well, we secured a photographer but we still need to discuss the dinner menu?

A: That's right, why don't we have two options; surf and turf and a vegetarian dish.

B: That's thoughtful. We have to also add a kids menu.

A: Perfect. Let's submit our requests and get a quote.

A: ウエディングプランはどんな感じ？
B: えーと、カメラマンは確保したんだけど、ディナーのメニューを検討する必要があるね。
A: そうだった、魚介類とステーキのコース料理と、ベジタリアン料理の2種類のオプションをつけるのはどう？
B: それは気が利くね。キッズメニューも付け加えなきゃ。
A: カンペキ！　じゃあ私たちのリクエストを提出して、見積もりをとりましょう。

総仕上げ練習コーナー

A: What do you feel like doing this weekend?
 [wəlju]

B: How about the movies?

A: No, let's do something more active!

B: Ok, how about hiking?

A: That sounds good. Let's make it a bit more adventurous and go to Santa Barbara.
 [ia]

A: 今週末、何をしたい？
B: 映画なんてどう？
A: うーん、もっとアクティブなことをしようよ。
B: オーケー、じゃあハイキングなんてどう？
A: いいかも。もうちょっと冒険的に、サンタ・バーバラへ行こうよ。

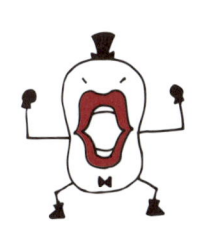

子音について

　子音は、母音とはちがって発音記号とスペルがほぼ一致しています。ここで一度、発音記号と舌・歯・舌の状態、つづり字と単語例をまとめましたので、チェックしておきましょう。

[s]
- つづり字 s / ss / c / sc / se
- 単語の例 sick [sík] / class [klǽs] / city [síti] / science [sáiəns] / course [kɔ́ərs]

[z]
- つづり字 z / zz / s / se
- 単語の例 zoo [zú] / puzzle [pázl] / easy [ízi] / use [júz]

[θ]
- つづり字 th
- 単語の例 thing [θíŋ]

[ð]
- つづり字 th
- 単語の例 this [ðís]

[ʃ]
- つづり字 sh
- 単語の例 sheep [ʃíp]

[ʒ]
- つづり字 ge / s / si
- 単語の例 beige [béiʒ] / visual [víʒuəl] / vision [víʒən]

[tʃ]
- つづり字 ch / tch
- 単語の例 chain [tʃéin] / watch [wátʃ]

[dʒ]
- つづり字 j / g
- 単語の例 jam [dʒǽm] / gentle [dʒéntl]

[f]	つづり字 f / ff / ph 単語の例 face [féɪs] / office [ɔ́fis] / telephone [téləfòun]
[v]	つづり字 v 単語の例 violin [vàɪəlín]

[k]	つづり字 k / ck 単語の例 keep [kíːp] / black [blǽk]
[g]	つづり字 g / gg 単語の例 game [géɪm] / egg [ég]

[p]	つづり字 p / pp 単語の例 pig [píg] / apple [ǽpl]
[b]	つづり字 b / bb 単語の例 book [búk] / ribbon [ríbən]

[t]	つづり字 t / tt 単語の例 table [téɪbl] / attend [əténd]
[d]	つづり字 d / dd 単語の例 duck [dʌ́k] / sudden [sʌ́dn]

[l] つづり字 l / ll
単語の例 lion [láɪən] / tell [tél]

[n] つづり字 n / nn
単語の例 night [náɪt] / sunny [sʌ́ni]

[m] つづり字 m / mm
単語の例 make [méɪk] / hammer [hǽmɚ]

[ŋ] つづり字 ng / nk の n
単語の例 ring [ríŋ] / bank [bǽŋk]

[w] つづり字 w
単語の例 wall [wɔ́l]

[j(y)] つづり字 y
単語の例 yard [jaɚd]

[r] つづり字 r / rr
単語の例 rain [réɪn] / marry [mǽri]

息をはき出す [h] つづり字 h
単語の例 happy [hǽpi]

子音の口の形

▶口の形が決まっている子音

以下の子音には決まった口の形があります。

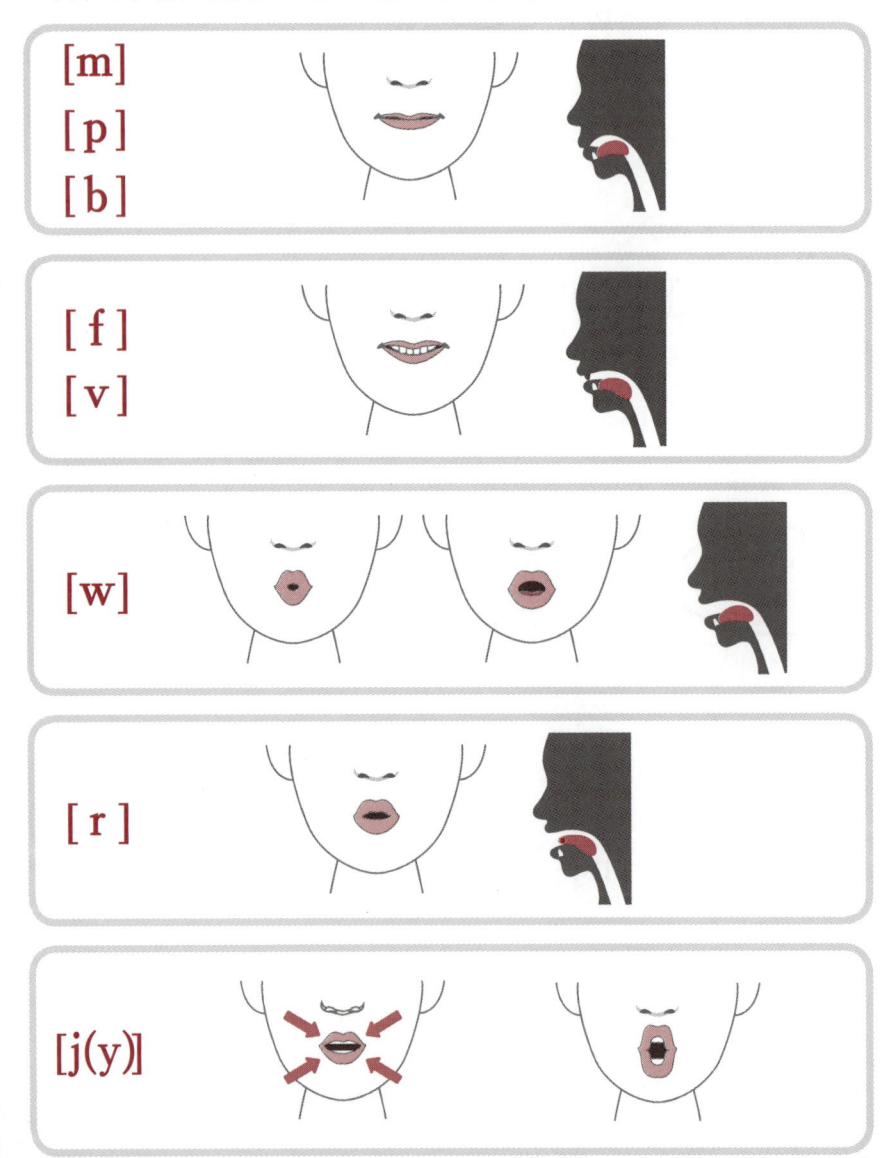

[m]
[p]
[b]

[f]
[v]

[w]

[r]

[j(y)]

▶母音と子音の口の形の関係

重要ポイント 1

子音の口の形は、基本的に**直後の母音**の口の形になる！

子音の数は多いので、難しく感じるかもしれませんが、**口の形は「脱力・横・力」の3つ**しかありません。

> ●縦の口＝子音の舌の位置が全て届かない
> ●突出しの口＝前の方がすぼんでいるので舌の入る場所がない
>
> ➡ 両方とも脱力の口で代用！
>   できないことがあればすべて脱力で代用！

例 **turn** [tə́ːn]
- ➡ ur は [ɚ] ＝力の口
- ➡ つまりその前の [t] も力の口で出す

see [síː]
- ➡ s で歯を閉じるが、ee の [i] ＝横の口
- ➡ 歯を閉じながらも唇は横に引っ張って発音

重要ポイント 2

後ろに母音がない場合は、**直前の母音**（または半母音）の口の形になる！

> ただし、単語の最後の子音はあまり気にしないで脱力にすると言いやすい場合は、あまり気にしないで口の力を抜いて脱力にしてもいいと考えてください。

例 **turn** [tə́ːn]
- ➡ [n] は次の母音がない
- ➡ 前の母音 [ɚ] の口の形のまま発音する

▶文の中での母音と子音

文の中においても、大きなルールは単語と同じです

ただ、子音で終わる単語の次の単語が母音で始まる場合、その母音の口に合わせます。

つまり、次の口の用意をどんどんする感じです。

例 **please understand ...**
- ➡ please の se は、単語だけなら「横の口」
- ➡ この場合は次の単語が [ʌ] の音なので、「脱力の口」になる！

ちょっと応用！

子音のすぐ後に半母音がくると、半母音には母音のように口の形が決まっているので、次の母音ではなく、半母音の口になります。

例 **twin** [twín]
- ➡ 基本ルールなら t の次の母音に合わせるべき
  = [ɪ] の音で口の形は「脱力の口」
- ➡ しかし [w] という半母音が [ɪ] の前にある
- ➡ それに合わせて「突出しの口」にする！

基本ルールでは、「突出しの口では子音は使えない」となっていますが、この半母音だけは例外なのです。したがってこの場合、[t] は突出しの口で、[ɪ] から脱力の口で言います。それによって、英語独特の音の変化が自然に起こり、「チュ」のような音になるのです。

子音の強勢法

▶伸ばせない子音＝破裂音

[t] [d] [p] [b]

　発声する前に**少し間をおいて、破裂**するような勢いのある音が出るように、**空気をためこむ**ようにします。次のような手順でちょっと練習してみましょう。

練習手順 I'll tell you. という英文を使って、4つのステップで練習をしましょう。 CD 88

①この文で強く読む重要な単語は tell なので、子音の [t] を強く発音します。

[t] [t] [t]

② I'll の [l] で舌先が上前歯の内側についていますので、そのまま離さず、素早く舌の上部全体を [t] の位置（＝上あご）に付けます。そのまま1テンポ吸い付けておいて、その勢いで強い t を発声します。

-----t ----t ----t

③ I'll に続けて I'll t と言うと、[l] の音はすぐに消えて [t] はまだ聞こえていない「間」が少しできます。この「間」が [t] を強く出すための"溜め"となります。

I'll t　I'll t　I'll t　➡　I'll tell　I'll tell　I'll tell

④文全体を発音します。

I'll tell you.　I'll tell you.　I'll tell you.

▶伸ばせる子音

> [s] [z] [f] [v]

この子音は、音を**長くのばせば強い音**に、**短くすれば弱い音**になります。

練習手順 Let's see. という英文を使って、4つのステップで練習をしましょう。(CD 89)

①この文で強く読む重要な単語は see なので、子音の [s] をのばして発音します。

> [s] [s] [s]

②[s] の音に続き [i] の音も伸ばして see を発音します。

> see　see　see

③Let's の [s] の後すぐに、上下の歯をつけた形のまま see の [s] に移行します。

> Let's s-　Let's s-　Let's s-

④文全体を発音します。

> Let's see.　Let's see.　Let's see.

▶半母音

$$[w]\ [r]\ [j(y)]$$

　この半母音は、音を伸ばせないので、動き方を**ゆっくりにすると強い音、速くすると弱い音**となります。

練習手順 That's yours. という英文を使って、4つのステップで練習をしましょう。　CD 90

①この文で強く読む重要な単語は yours なので、半母音の [j] をゆっくり発音します。

[ju]　[ju]　[ju]

② [j] の音に続き [uɚz] の音も伸ばして yours を発音します。

yours　yours　yours

③ That's の後に、間をおかず [j] の音の口をして、文全体を発音します。

That's yours.　That's yours.　That's yours.

●著者・編者紹介

中西智子　Nakanishi Tomoko

大阪府出身。ANAフライトアテンダントとして7年間勤務。その後、通算12年の在米生活の中で、AFAA公認のエアロビクスインストラクター及びパーソナルトレーナーの資格やロサンゼルスの発音矯正学校で指導者免許を取得。アメリカでYMCAでのエアロビ指導や日本でのエアロビ教室開校、発音矯正学校大阪校主任講師としての勤務、独立、英語発音スクールCEPIO設立など、精力的に活動の場を広げる。現在は、有限会社tomokoworkout取締役社長およびCEPIO代表、一般社団法人国際英語発音協会理事長などの肩書を持つ。英語発音だけではなく、子育てや女性の生き方に関する講演活動も行う。著書『才能を伸ばす「自立の子育て」』（カナリア書房）。　　　CEPIOホームページ　http://www.cepi-o.com/

晴山陽一　Hareyama Yoichi

作家、国際英語発音協会顧問、実践英語新興協会理事長、ベネッセ「著者大学」教授、ツイッター「10秒英語塾」主宰。1950年東京生まれ。早稲田大学文学部哲学科卒業後、出版社に入り、英語教材の開発、国際的な経済誌の創刊、学習ソフトの開発などを手がける。1997年に独立し、以後年間8冊という驚異的なペースで精力的に執筆を続けており、執筆依頼が途切れたことは一度もない。10年連続で10万部を売り続けた記録をもつ。主な著書に『英語の見方が180度変わる　新しい英文法』（IBCパブリッシング）、『話したい人のための丸ごと覚える厳選英文100』（ディスカヴァー・トゥエンティワン）、『すごい言葉』（文春新書）などがある。ここ数年はセミナーの開催、出版・執筆「晴山塾」開講など、活動の場を広げている。　　　　　　　　　　オフィシャルサイト　http://y-hareyama.sakura.ne.jp

カバーデザイン	根田大輔（Konda design office）
本文デザイン／DTP	アレピエ
CDナレーション	Carolyn Miller
イラスト	田中 斉　福田哲史

英語は5つの口で発音できる！

平成26年（2014年）9月10日　初版第1刷発行

著　者	中西智子
編　者	晴山陽一
発行人	福田富与
発行所	有限会社　Jリサーチ出版
	〒166-0002　東京都杉並区高円寺北2-29-14-705
	電話 03(6808)8801（代）　FAX 03(5364)5310
	編集部 03(6808)8806
	http://www.jresearch.co.jp
印刷所	㈱シナノ パブリッシング プレス

ISBN978-4-86392-201-3 C0082　　　禁無断転載。なお、乱丁・落丁はお取り替えいたします。
©2014 Tomoko Nakanishi, Yoichi Hareyama, All rights reserved.

全国書店にて好評発売中!

元NHKラジオ講師 リサ・ヴォートの
英語リスニング&発音の本

各CD付、コンパクトサイズ、定価1,000円(本体)

とっても
わかりやすいと
大評判

J新書17
英語の音がどんどん聞き取れる
魔法のリスニング
英語の耳づくりルール120

CD付

英語の音は2語・3語の連結で聞き取る。初心者でも十分ナチュラルスピードが聞き取れるようになります。日常最も使われる重要表現ばかりを厳選。CDにはゆっくり・ナチュラルスピードの2回読みを収録。

リサ・ヴォート 著
定価1,000円(本体)

売れてます!

世界一
受けたい
授業

(日本テレビ系『世界一受けたい授業』に英語の先生役として出演)

J新書23
映画のセリフもどんどんキャッチできる
魔法の英語 耳づくり
聞き取れない音をゼロにする集中耳トレ120
CD付

アルファベットごとに英語特有の聞き取りづらい音の連結・消失パターンを集中トレーニング。ネイティブのナチュラルな会話がしっかり聞き取れる力が身につきます。

リサ・ヴォート 著／定価1,000円(本体)

J新書27
ネイティブにどんどん通じる
魔法の英語なめらか口づくり
発音できない音をゼロにする集中舌トレ120
CD付

coffee(コーヒー)→カフィ、stew(シチュー)→S2(two)というように、小難しい発音記号を一切気にせず、日本人が最もマスターしやすい形で手軽に練習ができる。英会話で使う頻度が高い120語をピックアップ。CDをまねして声に出すだけで発音の基本が身につく。

リサ・ヴォート 著／定価1,000円(本体)

J新書30
ナチュラルスピードがどんどん聞き取れる
もっと魔法のリスニング
英語の耳づくりエクササイズ120
CD付

あらかじめ英語の音の変化を知り、短めのセンテンスで聞き慣れておくことでネイティブスピーカーの早口英語が聞き取れる。シンプルな練習法でリスニングの即戦力がつきます。

リサ・ヴォート 著／定価1,000円(本体)

---

http://www.jresearch.co.jp **Jリサーチ出版** 〒166-0002 東京都杉並区高円寺北2-29-14-705
TEL03-6808-8801 FAX03-5364-5310

ツイッター公式アカウント @Jresearch_ アドレス https://twitter.com/Jresearch_

中学レベル　だれでもできる

かんたんフレーズが英語の瞬発力を鍛え上げる！
英語大特訓シリーズ

CD2枚付　各1400円（本体）

大好評

カンタン英語で話しまくれ！
瞬時に出てくる
英会話フレーズ大特訓

精選810フレーズ　CD2枚付

山崎 祐一 著　CD2枚付 定価：1400円（本体）

言いたい表現がすぐに出てくる、英会話の瞬発力を鍛えるための本。簡単な会話フレーズで「日本語」→「英語」の転換練習をする事で効果を発揮。ヒントや解説が充実しているので、眠っている英語の知識を掘り起こしながら学習できる。日常生活・旅行・ビジネスで役立つ。初級〜中級者向け。日本語と英語を交互に録音したCD2付。

売れてます！

80の文法ルールで話しまくれ！	キーフレーズでがっちり身につける **会話できる英文法大特訓** CD2枚付
カンタン英語を聴きまくれ！	瞬時にわかる **英語リスニング大特訓** CD2枚付
カンタン英語で話しまくれ！	どんな場面でも瞬時に話せる **英単語フレーズ大特訓** CD2枚付
カンタン英語で話しまくれ！	キレイに話せる **発音フレーズ大特訓** CD2枚付
どんなビジネスシーンでも	瞬時に話せる **英会話フレーズ大特訓 ビジネス編** CD2枚付

全国書店にて好評発売中！　商品の詳細はホームページへ　**Jリサーチ出版** 検索

http://www.jresearch.co.jp　**Jリサーチ出版**　〒166-0002 東京都杉並区高円寺北2-29-14-70
TEL03-6808-8801 FAX03-5364-531